MW01046002

CARLOS REIS nasceu em 1950 e é licenciado em Filologia Românica pela Faculdade de Letras de Coimbra, onde, desde 1974, se tem dedicado ao ensino da Literatura Portuguesa bem como de Teoria e Análise Literária.

Da actividade de investigação que igualmente o tem ocupado resultaram diversas publicações: os livros *Estatuto e Perspectivas do Narrador na Ficção de Eça de Queirós* (1975; 2.ª ed. 1981), *Técnicas de Análise Textual* (1976; 3.ª ed. 1981), *Introdução à Leitura d'Os Maias* (1978; 4.ª ed. 1981), *Introdução à Leitura de Uma Abelha na Chuva* (1980) e *Textos Teóricos do Neo-Realismo Português* (1981), bem como colaboração em revistas portuguesas e estrangeiras *(Cadernos de Literatura, Colóquio/Letras, Biblos, Nova Renascença, Studia Philologica Salmanticensia, Cant de l'arpa, Le Journal Canadien de Recherche Sémiotique,* etc.).

Participou em colóquios e proferiu conferências em Portugal e no estrangeiro e faz parte do Conselho Pedagógico-Científico do Instituto Português de Ensino a Distância.

Tem duas obras publicadas em Espanha *(Comentario de Textos,* 1979, e *Fundamentos y Técnicas del Analisis Literario,* 1981, versão espanhola de *Técnicas de Análise Textual),* encontrando-se neste momento a preparar um doutoramento sobre o discurso ideológico do neo-realismo português.

Eurico

o presbítero

Eurico
o presbítero

ALEXANDRE HERCULANO

INTRODUÇÃO POR
CARLOS REIS

3.ª edição

BIBLIOTECA ULISSEIA
DE AUTORES PORTUGUESES

INTRODUÇÃO

1. Alexandre Herculano: percurso biográfico

Decorre em pleno século XIX a vida de Alexandre Herculano, entre 1810 e 1877, ao longo de quase setenta anos de intensa actividade distribuída por vários domínios: a criação literária, antes de mais, mas também a política, a historiografia, o debate de ideias, etc.

A formação de Herculano (ao contrário do que aconteceu com Garrett, seu companheiro de geração) processa-se de forma relativamente irregular, em boa parte por razões de natureza económica; a uma passagem pela Congregação do Oratório seguem-se não estudos universitários, mas sim de Diplomática, assim começando a definir-se a propensão para a historiografia, mais tarde amplamente desenvolvida. Não menos relevante, do ponto de vista cultural, é a passagem de Herculano pelos salões da Marquesa de Alorna, então constituindo um espaço de concentração das primeiras manifestações do Romantismo português; indissociável destes contactos é, por outro lado, a leitura de escritores de perfil romântico: Schiller e Chateaubriand, depois Lamennais e Victor Hugo são, entre outros, referências de formação estética que a obra de Herculano virá a reflectir, de maneira mais ou menos visível.

Mas os anos de formação são, no autor do Eurico, marcados também, de forma indelével, pela experiência do exílio (1831). Envolvido nas confrontações políticas que assinalaram a instauração do Liberalismo em Portugal, Herculano ausenta-se da Pátria no período imediatamente anterior à Guerra Civil. E se, por um lado, as agruras do exílio atingem fortemente o obscuro soldado que era Herculano, por outro lado, elas contribuem para delinear o perfil psicológico e até cultural deste vulto proeminente da primeira geração romântica: porque o combatente por um ideal identifica-se com certos *mitos de nítida extracção romântica (o proscrito, o servidor de uma causa sublime, etc.) e também porque a estadia em França acaba por propiciar ao futuro autor da* História de Portugal *o aprofundamento (em Rennes) da sua formação historiográfica.*

O regresso a Portugal ocorre nas circunstâncias turbulentas que envolvem o desembarque no Mindelo e o cerco do Porto. Desse conjunto de eventos (a que justamente chamou «o acontecimento mais espantoso e mais poético deste século»), Herculano guardou uma memória muito viva, poeticamente traduzida n'A Harpa do Crente, em versos em que afloram uma melodia e um pessimismo de importantes consequências na evolução do Romantismo português:

> *Eis de esforçados mil inglórios restos,*
>   *Depois de brava lida:*
> *De longo combater atroz memento*
>   *Em guerra fratricida.*
> *Nenhum padrão recordará aos homens*
>   *Seus feitos derradeiros:*
> *Nem dirá: «Aqui dormem portugueses;*
>   *Aqui dormem guerreiros.»*
> *Nenhum padrão, que peça aos que passarem*
>   *Reza fervente e pia,*
> *E junto ao qual entes queridos vertam*
>   *O pranto da agonia!*
> *Nem hasteada cruz, consolo ao morto;*
>   *Nem lájea que os proteja*
> *Do ardente sol, da noite húmida e fria,*
>   *Que passa e que roreja!*
> *Não! Lá hão-de jazer no esquecimento*
>   *De desonrada morte,*
> *Enquanto, pelo tempo em pó desfeitos,*
>   *Não os dispersa o norte.*

(Do poema «A Vitória e a Piedade»)

A vitória do Liberalismo não conduz Herculano ao alheamento da vida pública: pelo contrário, logo em 1836 é muito frontal e intransi-

gente a sua contestação da Revolução de Setembro, cujas motivações políticas e ideológicas não podiam compatibilizar-se com o conservadorismo de Herculano. A Voz do Profeta, directamente motivada por esta divergência, constitui, além do mais, uma demonstração inequívoca do desejo de fazer da actividade literária um fenómeno constantemente atento ao que o rodeava.

Mas também no plano genericamente cultural é assinalável a intervenção de Herculano na vida pública portuguesa: director da revista O Panorama, bibliotecário das Bibliotecas da Ajuda e das Necessidades, dedicado a pesquisas de índole historiográfica, Herculano conhece, nas décadas de 40 e 50 do século XIX, um período de fecunda produção cultural: obras de ficção como O Monge de Cister (cuja publicação se inicia em 1841, no Panorama), O Bobo (1843), Eurico o Presbítero e O Pároco da Aldeia (ambas de 1844) são marcos relevantes dessa produção, aos quais há que juntar os quatro volumes da História de Portugal (entre 1846 e 1853) e a História da Origem e Estabelecimento da Inquisição em Portugal (1853--1859).

Esta época conhece igualmente outras manifestações da consciência cultural e cívica de Herculano; as polémicas com a Igreja (traduzidas nos opúsculos Eu e o Clero, Considerações Pacíficas e Solemnia Verba, de 1850), directamente ligadas à desmistificação da lenda do milagre de Ourique, e as querelas políticas e pessoais já no período da Regeneração são disso sinais muito evidentes. Cada vez mais desencantado, pois, com a incompreensão que o rodeava e com a degradação consentida pelo sistema político da Regeneração, Herculano tende a afastar-se de Lisboa: em 1859 compra uma propriedade em Vale de Lobos (Santarém) e em 1866, depois de um casamento algo serôdio, refugia-se definitivamente na pureza e na austeridade das tarefas agrícolas, sem prejuízo do seu cada vez maior prestígio intelectual. É ainda a sua voz uma das que se erguem, em 1871, contra a prepotência que leva à proibição das Conferências do Casino, uma das primeiras manifestações públicas da Geração de 70; e quando, em 1873 (ou seja, quatro anos antes de morrer) conclui a publicação dos Portugaliae Monumenta Historica, pode dizer-se fecundamente cumprida uma existência cultural e literária de cujo horizonte não se desvaneceu nunca a preocupação com as responsabilidades éticas e cívicas do homem vertical que Herculano sempre quis ser.

9

2. Enquadramento histórico-cultural

A análise da obra literária de Alexandre Herculano (e, em particular, do Eurico*) não pode dissociar-se da sua activa integração num cenário histórico, social e cultural muito agitado e recheado de transformações. Para se verificar como é pertinente este critério de reflexão, basta lembrar que, quando Herculano nasce, em 1810, ocorre a terceira invasão francesa (e com ela a penetração em Portugal de ideias e mentalidades radicalmente novas); ao mesmo tempo, Mme de Staël publica uma obra que ficará famosa na história do Romantismo europeu:* De l'Allemagne, *justamente o texto em que se clarificam as fronteiras que separam a sensibilidade romântica da disciplina clássica. Este facto reveste-se, porém, de um outro significado; com efeito, se nos lembrarmos de que, para além do que representa em termos de afirmação romântica a obra citada, já na Inglaterra e na Alemanha o Romantismo constituía um movimento dotado de certa consistência, aperceber-nos-emos de quão tardio é o Romantismo português. Não se esqueça que só em 1825 (quando Herculano tinha apenas 15 anos) Garrett publica o* Camões, *normalmente apontado como a primeira obra efectivamente romântica da literatura portuguesa; e Herculano demorará ainda 11 anos até (em 1836) fazer aparecer uma recolha de poemas (*A Voz do Profeta) *de indesmentível recorte romântico.*

Para além do seu carácter tardio, o Romantismo português é marcado também, como não podia deixar de acontecer, pela agitação política e social que o início do século XIX conhece, em Portugal. Da independência do Brasil à instauração do Liberalismo, do desenvolvimento da Maçonaria à revolução de 1820, dos avanços e recuos do sistema político liberal à estabilização aparente que só a Regeneração (a partir de 1851) consegue impor, vai uma série de acontecimentos de incidência muito variada: crise da burguesia mercantilista, extinção das ordens religiosas, difusão do ideário jacobino, abolição dos morgadios, dissensões no interior da facção liberal, reacção cabralina, etc., etc. Tudo isto, impressionando e afectando o espírito conservador de Herculano, contribui de forma inquestionável para configurar a ideologia do Romantismo português. Inequivocamente aliado dos ideais do Liberalismo (não é por acaso que Garrett e Herculano se contam entre os seus defensores mais convictos) o Romantismo portu-

guês tenderá, entretanto, para um certo conservadorismo e anti-radicalismo, em cujo contexto Garrett (e sobretudo as Viagens na Minha Terra) se define, até certo ponto, como excepção. Por outro lado, convém lembrar que a formação estética do nosso Romantismo deve muito ao fenómeno do exílio, vivido, como se disse já, pelos seus vultos mais proeminentes; em contacto directo com a cultura e literatura inglesa e francesa, Garrett e Herculano apreenderão in loco (mesmo com as limitações inerentes à condição de exilados, muito mais agudas no segundo do que no primeiro) as sugestões que levarão directamente à definitiva aquisição do Romantismo. Recorde-se, a título exemplificativo, o impacto que teve em Herculano a obra de Walter Scott (a quem chamou, numa nota ao Eurico, «o modelo e a desesperação de todos os romancistas»), de resto largamente projectado, em termos de recepção e popularidade, ao longo do Romantismo português: prova eloquente disso mesmo são as dezasseis traduções que o autor de Ivanhoe contava já entre nós em 1842 (dois anos antes, portanto, da publicação do Eurico), como indica José-Augusto França.

Aos factos invocados não é alheio, pois, aquele que é talvez o pendor mais acentuado do Romantismo português: o seu historicismo, suscitado naturalmente por fundas motivações de ordem ideológica. Não se esqueça que o Romantismo favoreceu o culto da Idade Média como estádio de génese e afirmação de autenticidade das nacionalidades; e não se esqueça também que essa propensão era, para mais, servida em Herculano por uma formação historiográfica naturalmente reflectida ao nível da criação literária. Daí que o seu desencanto cada vez maior em relação ao ambiente cultural e político português aconselhe o esboçar de cenários medievais, cujo aproveitamento não será isento de certas ambiguidades: por um lado, eles levam a realçar virtudes que o presente desconhece, mas, por outro lado, eles podem inspirar um movimento de pura alienação em relação ao contemporâneo do escritor.

Muito do que se encontra encerrado nestas dominantes reflecte-se, de forma bastante sugestiva, no perfil e na projecção de que disfrutou a revista O Panorama. Dirigida por Herculano e publicada sob a égide de uma denominada «Sociedade Propagadora dos Conhecimentos Úteis» (nome que é todo um programa de aculturação perseguida pela burguesia ascendente, na primeira metade do século XIX), a

11

revista O **Panorama** *disfrutou da popularidade que a sua tiragem regular de cinco mil exemplares eloquentemente atesta, se tivermos em conta a exiguidade do meio e a elevada taxa de analfabetismo da época; é, pois, contando com a audiência de um público cada vez mais atento ao prestígio que Herculano ia concitando, que obras como* O **Bobo,** O **Monge de Cister** *(em parte) e relatos depois integrados nas* **Lendas e Narrativas** *vêem a luz do dia, assim contribuindo de forma decisiva para formar o gosto do leitor do Romantismo português.*

*Entretanto, a evolução da sociedade portuguesa a partir de meados do século vem a incutir no Romantismo uma configuração peculiar à qual não é estranha também a influência de Herculano. Depois de acontecimentos como a ditadura de Costa Cabral, a revolta de Maria da Fonte e a insurreição militar de Saldanha em 1851, inicia-se o já aludido período de morna acalmia da vida pública e cultural portuguesa: com a Regeneração criam-se condições que vêm favorecer o surto de uma literatura tipicamente de acomodação que, na história literária, ficou conhecida pela designação de Ultra-Romantismo. Os escritores dessa segunda geração romântica (João de Lemos, Soares de Passos, Tomás Ribeiro, Pinheiro Chagas, Bulhão Pato, Palmeirim, etc.) centram a sua actividade literária não só em diversas revistas de certa projecção na época (*O **Trovador,** O **Novo Trovador,** A **Lira da Mocidade,** O **Bardo,** *etc.), mas também no respeito por uma figura carismática, de certo modo sobrevivente da primeira geração romântica: António Feliciano de Castilho, pedagogo e protector de jovens poetas, responsável, por isso, pela criação de um círculo de influências a que Antero viria a chamar, com alguma propriedade, a «escola do elogio mútuo».*

Ora, a este propósito, o que importa observar são dois factos. Em primeiro lugar, que os escritores ultra-românticos de modo nenhum se sentiam vocacionados para perfilharem uma atitude crítica em relação ao que os rodeava; normalmente sintonizados com o sistema político--cultural da Regeneração (entre eles encontram-se deputados, ministros, professores, etc.), essa condição retirava-lhes, como normalmente ocorre em situações idênticas, a margem de manobra e a liberdade de acção necessárias para uma hipotética actividade crítica em relação à sociedade do seu tempo. Será, aliás, contra tal estado de coisas que hão-de reagir, como é sabido, os jovens (Antero, Teófilo Braga, etc.) que desencadeiam a chamada «Questão Coimbrã», bem como, logo depois, a Geração de 70. Em segundo lugar, é preciso dizer que, sem prejuízo do citado ascendente de que disfrutava Castilho, os escritores ultra-românticos tiveram em Herculano precisamente uma espécie de êmulo adoptado com alguma conveniência; Alberto Ferreira referiu-se a este fenómeno nos seguintes termos: «Mau grado a forte personalidade de Garrett e o vigor da sua arte, apesar do reconhecimento público do seu génio e da sua influência pessoal, da constância da sua crítica ao pendor sentimentalista, é a linha estética teorizada por Herculano que irá prevalecer no desenvolvimento do romantismo como movimento literário autónomo. O autor de Camões e D. Branca *ficará praticamente isolado quando se afirmar a segunda geração romântica sob o influxo do pessimismo da* Harpa do Crente.»

Efectivamente, havia na obra literária de Herculano virtualidades temáticas, ideológicas e até estilísticas que conferem alguma lógica ao aproveitamento do seu legado estético, em detrimento do de Garrett, muito mais avançado, de um ponto de vista cultural e, por isso, menos assimilável pelos ultra-românticos. O que há que averiguar é até que ponto esse aproveitamento era legítimo ou, por outras palavras, em que medida ele se revelou a abusiva deformação de uma mensagem cultural decerto não tão arrojada como a do autor das Viagens, *mas ainda assim incapaz de ser confundida com o sentimentalismo piegas e com a tendenciosa alienação da segunda geração romântica. Para o sabermos temos que dar alguma atenção ao desenvolvimento da produção literária herculaniana.*

3. Produção literária de A. Herculano

Uma apreensão global da produção literária de Alexandre Herculano apercebe-se facilmente das dominantes fundamentais que a caracterizam: predomínio quantitativo da ficção narrativa sobre a lírica, penetração na primeira de informações e temas provenientes da actividade do historiador, projecção, no plano literário, de preocupações de ordem cívica e ética.

Curiosamente, é à criação poética que Herculano se dedica primeiro. E, até certo ponto, compreende-se porquê: o jovem romântico envolvido nos ardores das lutas liberais não podia deixar de sentir a necessidade de plasmar emocionalmente (logo, poeticamente) os even-

tos em que tão apaixonadamente se envolvera. Tanto A Voz do Profeta *como* A Harpa do Crente *são disso o reflexo muito claro, embora em termos diversos.*

A primeira constitui uma manifestação muito peculiar do pendor lírico de Herculano. Trata-se, com efeito, de um conjunto de textos em prosa, marcados por duas constantes estilísticas muito claras: uma entoação retórica e solene, recheada de exclamações patéticas, e uma assimilação inequívoca das características básicas do estilo de certos textos bíblicos; não é por acaso, aliás, que a primeira série d' A Voz do Profeta *abre com uma epígrafe extraída de Isaías: «E o povo será oprimido; um será contra o outro, e cada um contra o seu próximo; o menino se atreverá contra o ancião, e o vil contra o nobre.»*

Para entendermos o sentido desta epígrafe, há que lembrar que A Voz do Profeta *surge num momento histórico (e como reacção a ele) particularmente importante da história do Liberalismo português: a Revolução de Setembro (1836) à qual não podia deixar de se opor o espírito conservador, anti-populista e anti-anárquico de Herculano. Daí os laivos muito nítidos de pessimismo histórico que perpassam ao longo do texto:*

> *Eu vi uma visão do futuro e o Senhor me disse: vai e revela-a na terra.*
>
> *Como em panorama imenso um reino inteiro estava diante de meus olhos.*
>
> *E nas duas Cidades mais populosas dele homens de má catadura começavam de aglomerar-se nas praças, e a trasbordar pelas ruas.*
>
> *E nos campos e nas aldeias outros homens com aspecto de réprobos começavam também a apinhar-se nos passos das serras, nas assomadas das montanhas, e nas clareiras das florestas.*
>
> *E tanto nas faces dos filhos dos campos, como nas dos habitadores das cidades lia-se um grito de extermínio, que lá lhes bramia no fundo dos corações.*
>
> *[...] Então as lágrimas me ofuscaram os olhos; porque eu bem entendia o que significava a visão.*
>
> *Mas enxugando-os, tornei a lançá-los para o lugar da peleja.*

*E vi uma solidão sáfara e negra, sobre a qual a perder de
vista para todos os lados alvejavam milhares de ossadas.*
  *E em cima delas estavam assentados dois espectros imensos:
e estes eram chamados Assolação e Silêncio.*

  *Tenham-se em consideração, apenas a título de exemplificação,
dois componentes que integram este fragmento d'*A Voz do Profeta*, os
quais são, aliás, susceptíveis de ser reencontrados noutras passagens
da obra: a insistência no polissíndeto, como processo de acentuar a
emoção e a solenidade bíblica que preside a estas reflexões; por outro
lado e concomitantemente, a sobrecarga de imagens agónicas e apoca-
lípticas, directamente dependentes de uma concepção do escritor como
Profeta dos tempos e arauto privilegiado das suas desgraças.*
  *Ora a entoação que encontramos n'*A Voz do Profeta *não é uma
excepção na obra de Herculano, nem surge nela por acaso. Ela decorre
de uma formação estética e ideológica peculiar, a qual não deixará de
se reflectir na subsequente produção literária.*
  *Isso mesmo é o que se verifica nos poemas d'*A Harpa do Crente
*(alguns dos quais são, aliás, anteriores à publicação d'*A Voz do
Profeta*), obra que sintomaticamente disfrutou de grande popularidade na época em que apareceu. Mantendo nos seus versos a mesma
propensão para o empolamento estilístico já comentado (razão crucial
que explica o rápido envelhecimento do discurso de Herculano),* A
Harpa do Crente *privilegia uma série de temas que virão a projectar-
-se indelevelmente na formação da segunda geração romântica: a
morte, a noite, a natureza vista como espaço soturno, etc.; marcada
pela influência de Klopstock e de uma visão romântica do Cristianismo, a obra reflecte também as dominantes de individualismo e de
rebeldia prometeica que caracterizam, nesta época, o seu autor.
Dominantes que, com toda a evidência, se encontram no longo poema
inicial denominado «A Semana Santa».*
  *Com efeito, o que nessas estrofes inflamadas e mórbidas transpa-
rece são os vectores temáticos já mencionados, de certo modo agrava-
dos ainda pelo teor passadista que a sua evocação naturalmente
arrasta:*

II

Oh sim! — rude amador de antigos sonhos,
Irei pedir aos túmulos dos velhos
Religioso entusiasmo, e canto novo
Hei-de tecer, que os homens do futuro
Entenderão; um canto escarnecido
Pelos filhos dest'época mesquinha,
Em que vim peregrino a ver o mundo,
E chegar a meu termo, e reclinar-me
À branda sombra de cipreste amigo.

VI

A noite escura desce: o sol de todo
Nos mares se atufou. A luz dos mortos,
Dos brandões o clarão, fulgura ao longe
No cruzeiro somente e em volta da ara:
E pelas naves começou ruído
De compassado andar. Fiéis acodem
À morada de Deus, a ouvir queixumes
Do vate de Sião. Em breve os monges,
Suspirosas canções aos céus erguendo,
Sua voz unirão à voz deste órgão,
E os sons e os ecos reboarão no templo.
Mudo o coro depois, neste recinto
Dentro em bem pouco reinará silêncio,
O silêncio dos túmulos, e as trevas
Cobrirão por esta área a luz escassa
Despedida das lâmpadas, que pendem
Ante os altares, bruxuleando frouxas.

Não destoam substancialmente do que ficou dito as obras de ficção narrativa que Herculano deixou, às quais há que reconhecer uma carga considerável de responsabilidade na configuração do gosto romântico. Com efeito, a publicação de algumas dessas obras em folhetins (n'O Panorama) não é inconsequente; atingindo assim um *público relativamente vasto, esses folhetins mantinham-no, para mais, pendente do seu aparecimento periódico, fenómeno que transformava a recepção literária romântica numa espécie de hábito burguês institucionalizado. É esse ritmo de comunicação que caracteriza o aparecimento, desde o final da década de 30, dos relatos depois integrados nas* Lendas e Narrativas; *não menos importante do que isso, é o intuito genérico que preside à elaboração desses relatos: correspondendo ao desejo de «popularizar o estudo daquela parte da vida pública e privada dos séculos semi-bárbaros que não cabe no quadro da história social e política» («Advertência» de Herculano na primeira edição das* Lendas e Narrativas)*, eles inserem-se, pois, num projecto cultural que via na Idade Média um fecundo repositório de eventos e temas dotados de certa incidência moral. É sob a égide de tais motivações que as* Lendas e Narrativas, *no âmbito da valorização de lendas e tradições nacionais, enquadram os seus relatos em épocas históricas muito sugestivas: os tempos da ocupação árabe, a implantação da nacionalidade, os reinados de D. Fernando e D. João I, etc. Só duas narrativas («O Pároco da Aldeia» e «De Jersey a Granville») fogem a estas coordenadas, revelando, por outro lado, um Herculano atento a costumes e problemas do seu tempo.*

Esta última observação conduz-nos a um tema de certo relevo, no contexto da ficção narrativa de Herculano. Tendo privilegiado normalmente cenários medievais como espaço de desenvolvimento de acções em que o histórico conflui de forma muito clara, o autor do Eurico *facilmente incorre na acusação de alienação relativamente ao seu tempo; o que, entretanto, os seus romances históricos revelam não é exactamente isso.*

Uma referência necessariamente breve a O Bobo *explicita o que ficou sugerido. Com* O Bobo, *estamos na época em que a independência de Portugal começa a esboçar-se, dinamizada por Afonso Henriques e Gonçalo Mendes da Maia; opondo-se à ousadia do infante, ergue-se o despotismo de Fernando Peres de Trava que, aliado a Garcia Bermudes, domina uma D. Teresa presa nos laços de amores serôdios. Daqui poder-se-iam já extrair alguns significados plenos de actualidade no tempo de Herculano: o valor da independência nacional, a oposição ao estrangeiro intruso, a energia com que era assumido o ideal nacionalista, etc. Importa não esquecer, todavia, que os eventos históricos citados, desde que postos ao serviço do discurso de ficção (no próprio texto d'O Bobo pode ler-se que «a história não conheceu Dom Bibas»), cumprem também uma função específica: a constituição da verosimilhança, a qual passa então a envolver os tormentos de Dulce, irremediavelmente dividida entre Garcia e Egas. Mas servindo embora a função mencionada, esses acontecimentos conhecidos como históricos não deixam de transportar para o seio da ficção (em cujo estatuto passam a integrar-se) os significados acima referidos; e são sobretudo estes que servem a aludida intervenção no presente, por meio da evocação de acções passadas que se não desejam esquecidas.*

Com O Monge de Cister estamos no tempo de D. João I, como explicitamente indica o subtítulo do romance; e, no que toca ao devir literário e cultural do seu autor, estamos na fase em que se agudiza um pessimismo histórico que só a contemplação do passado é capaz de amenizar. As palavras que antecedem a obra mostram-no claramente: «É por isso, é porque vejo o marco assentado no fim do caminho por onde esta geração se escoa, que muitas vezes passo horas largas diante de um portal de capelinha carcomida como velha enrugada; diante de uma ombreira partida, onde apenas se divisam cansados e gastos lavores da idade média.»

Apesar deste pendor contemplativo, também O Monge de Cister denota a preocupação de ligar o passado ao presente, superando o que de inconsequente poderia haver na reconstituição daquele. Deste modo, a complexa intriga que integra o romance (a vingança de Vasco contra Lopo Mendes e Fernando Afonso, envolvendo D. João de Ornelas, aliado do monge, e fazendo algumas concessões ao tétrico e ao desequilíbrio emocional de ampla aceitação por parte do público) não se fica pelos incidentes atribulados que a preenchem. Para além disso, ela serve também de veículo de instauração de um discurso carregado de alusões ao circunstancial contemporâneo do escritor: é o que acontece, por exemplo, com as repetidas referências ao leitor. Concebido como destinatário cujas reticências e dúvidas importa clarificar, por vezes em diálogo quase tão informal como os que Garrett trava nas Viagens, o leitor d'O Monge de Cister é sobretudo uma entidade a moralizar; por isso se diz, em certa altura, que «enquanto ela [a personagem tia Domingas] tarda em subir [...] vejamos o que, durante o diálogo que transcrevemos para edificação do leitor, se passara no aposento de cima».

Ora, é neste contexto de diálogo construtivo e moralizante entre um passado de recorte medieval e um presente que Herculano via ameaçado nas suas perspectivas históricas, que se insere o Eurico o Presbítero. *Indiscutivelmente a mais popular obra de Herculano, ela não escapou, porém, aos perigos de leituras fascinadas apenas por aquilo que nela existe de mais visivelmente emocional.*

4. Leitura do *Eurico*

Ler, nos nossos dias, o Eurico *não é tarefa fácil: trata-se de uma obra que perdeu muita da capacidade de cativar o leitor, em parte porque o gosto literário é hoje muito diferente do que era há cem anos, em parte também porque a obra não patenteia a frescura e a acutilância crítica que ainda reconhecemos nas* Viagens *de Garrett ou nos romances de Eça.*

Isso não quer dizer que não seja possível encontrar nela motivos de valorização crítica, sobretudo se soubermos distinguir (sem as isolar por completo) directrizes de leitura específicas. Referimo-nos, em primeiro lugar, às que o próprio Herculano explicitou; em segundo lugar, às que o perfil discursivo e temático da obra pode sugerir; finalmente, às que os leitores da época configuraram, lendo o romance como mais lhes convinha.

É no prólogo que Herculano enuncia algumas pistas de leitura que, se bem que importantes para a compreensão do Eurico, *não devem, no entanto, ser adoptadas de forma linear; de facto, nem sempre os escritores encontram a melhor interpretação para o texto que concebem, sabendo-se que, saído das suas mãos, ele pertence sobretudo à criatividade das leituras que o apreendem. Ora o prólogo do* Eurico *procura estabelecer orientações em nosso entender demasiado restritivas, tendo em conta as potencialidades semânticas e genericamente culturais que a obra evidencia. Para o seu autor, tratar-se-ia de uma espécie de romance de tese, destinado a desmistificar a «irremediável solidão da alma a que a igreja condenou os seus ministros, espécie de amputação espiritual, em que para o sacerdote morre a esperança de completar a sua existência na terra»; perfilhando uma concepção da mulher como entidade angélica («E porque não seria ela na escala da criação um anel da cadeia dos entes, presa, de um lado, à humanidade pela fraqueza e pela morte e, do outro, aos espíritos puros pelo amor e*

19

pelo mistério?»), *Herculano parece, deste modo, reduzir o* Eurico *a uma postulação da problemática do sacerdócio enquanto solidão forçada e mutiladora da plenitude afectiva do indivíduo. Tudo isto, note-se bem, sem que no romance se manifestem preocupações muito intensas de análise social, tal como as encontraremos, por exemplo, no* Crime do Padre Amaro, *de Eça, em que a situação do padre é observada por uma óptica completamente diversa.*

Sem prejuízo das sugestões que o prólogo discretamente avança, o Eurico *é susceptível de uma leitura de certa maneira mais profunda e englobante, nomeadamente tendo em conta as suas linhas de força temáticas, os seus fundamentos ideológicos e a sua construção narrativa. Dominada pela figura do presbítero Eurico, a história apresenta-nos fundamentalmente o drama existencial de uma figura que em si concentra as marcas inegáveis do herói romântico; personagem complexa por natureza, normalmente dividida pelos conflitos que corporiza, o herói romântico é, pois, irredutível à vivência de uma problemática isolada, por hipótese, a condição do sacerdote. Para se ver que não é assim, basta lembrar que, quando a história se inicia, o sacerdócio é apresentado não como destino central e absorvente de um ser, mas como consequência de eventos que o antecedem. Deste modo, o trajecto do protagonista ao longo da acção pode ser equacionado em função do desejo de Absoluto que afecta, em princípio, o herói romântico, desejo esse traduzido na busca de sucessivos ideais: o de amor, antes de mais, o de religião, logo depois, finalmente o de pátria.*

Falar em ideal de amor, a propósito do Eurico, *é remontar à origem dos conflitos que o herói interpreta no romance: fascinado por Hermengarda, o jovem gardingo vê as suas pretensões frustradas por força de impedimentos de ordem material, justamente os que mais violentamente ferem o idealismo romântico; vale a pena evocar os termos em que Eurico recorda a destruição do seu ideal de amor:*

> *Porque não adormeço eu, como o rude barqueiro, ao murmúrio das vagas sonolentas, ao sussurro da brisa do norte?*
>
> *Porque mulher bárbara não entendeu o que valia o amor de Eurico; porque velho orgulhoso e avaro sabia mais um nome de avós do que eu, e porque nos seus cofres havia mais alguns punhados de oiro do que nos meus.*
>
> *As mãos imbeles de uma donzela e de um velho esmagaram e*

despedaçaram o coração de um homem, como os caçadores covardes assassinam no fojo o leão indomável e generoso.

Deste modo, o sacerdócio surge como tentativa de superação desta crise, desviando-se, pois, a energia vital do herói para a dedicação à causa do Cristianismo. No entanto, mesmo assim não se concretiza ainda o anseio de Absoluto desde sempre perseguido, em parte porque o perfil temperamental do presbítero o impede, em parte porque circunstâncias que lhe são estranhas para isso concorrem também.

Tenha-se em conta, antes de mais, que o presbítero de Carteia funde a sua missão pastoral com a condição de poeta. E esta, configurada sob uma óptica romântica, talha a personagem para a solidão e o isolamento que o tornam uma figura estranha aos olhos dos que o rodeiam: por isso se diz que «o povo rude de Carteia não podia entender esta vida de excepção, porque não percebia que a inteligência do poeta precisa de viver num mundo mais amplo do que esse a que a sociedade traçou tão mesquinhos limites». Por isso, os refúgios predilectos de Eurico são os pincaros dos montes, o sossego da noite e a imensidão do mar, espaços sintonizados com a peculiaridade emocional do ser excepcional que o presbítero constitui.

Por outro lado, o ideal de religião é frustrado também pelas circunstâncias históricas que enquadram a história de Eurico. Na Espanha invadida pelos infiéis, Eurico vê no bispo Opas, seu superior hierárquico, não só a traição que ameaça a independência política, mas sobretudo o renegar dos valores do Cristianismo a que votara o seu sacerdócio.

Daí que a luta pelo ideal de pátria tenha que ver directamente com esta situação. E aqui abrem-se duas vias de reflexão autónomas: por um lado, o envolvimento de Eurico no combate com os Árabes representa a activação da consciência cívica e política do herói romântico, até certo ponto uma sublimação do empenhamento social de que a época romântica conheceu não poucos exemplos: Herculano batendo-se pelo Liberalismo português e Lord Byron morrendo pela independência da Grécia são disso exemplos indesmentíveis. Por outro lado, ao localizar a acção do *Eurico* na época da invasão muçulmana, Alexandre Herculano novamente privilegia um período histórico susceptível de facultar ensinamentos ao presente: porque um tempo de crise de valores e de ameaças à liberdade podia levar a reflectir acerca *dos perigos que a conturbada sociedade portuguesa da primeira metade do século XIX ainda não conseguira eliminar do seu horizonte.*

Ao que ficou dito há que acrescentar que a configuração com que Eurico se apresenta ao iniciar esta terceira etapa do seu percurso vital favorece a sua condição de herói romântico:

> *Neste momento, por uma das pontes já desertas lançadas na noite antecedente sobre o Chrysus soava um correr de cavalo à rédea solta. Alguns soldados que andavam mais perto da margem volveram para lá os olhos. Um cavaleiro de estranho aspecto era o que assim corria. Vinha todo coberto de negro: negros o elmo, a couraça e o saio; o próprio ginete murzelo: lança não a trazia.*

No momento mais aceso da batalha de Chrysus, Eurico faz a sua aparição sem revelar a identidade; e tanto o seu aspecto exterior, como o mistério que o envolve, como ainda o facto de trazer consigo a morte que espalha nas hostes inimigas, todos estes elementos contribuem decisivamente para acentuar o recorte excepcional que caracteriza, na economia da acção, o protagonista da história.

A morte de Eurico está em perfeita conjugação com a sua dinâmica de herói romântico. Colocado perante a irreversível frustração dos seus ideais e finalmente atormentado por um conflito insuperável («E tudo isto se contradizia, se repelia, se condenava, o amor pelo sacerdócio, o sacerdócio pelo amor, o futuro pelo passado; e aquela alma, dilacerada no combate destes pensamentos, quase cedia ao peso de tanta amargura»), a Eurico só resta aquilo que é praticamente o suicídio, ao receber das mãos de Muguite o golpe que o aniquila. Porque, para não abdicar dos seus ideais (que é aquilo que faz o Carlos-barão do final das Viagens), ao herói romântico só resta a destruição, espécie de redenção para uma existência sobrecarregada de energia e incompreendida pelos códigos de conveniências que o rodeiam.

De certo modo, também Hermengarda tem um fim idêntico. Também ela permanecera fiel a um amor que normas sociais inaceitáveis pela personagem romântica tinham interditado; por isso, a loucura acaba por corresponder a uma espécie de morte afectiva e espiritual, justamente depois de se verificar que o sacerdócio de Eurico, por força do celibato a que obriga, afirma-se como obstáculo idêntico às mencionadas normas sociais.

Se do plano das dominantes temáticas e do devir da acção passarmos ao da configuração técnico-discursiva verificaremos que, também neste domínio, o Eurico *constitui uma obra de recorte inegavelmente romântico. Com efeito, a sua construção reflecte o posicionamento que tantas vezes o escritor romântico assumiu em relação a problemas concernentes à criação literária, como seja o dos géneros literários; preocupado em afirmar a cada momento as prerrogativas da sua liberdade artística, o escritor romântico dificilmente se conforma à imposição de normas literárias rígidas, distanciando-se assim das concepções dirigistas e dogmáticas que tinham presidido à literatura do período neoclássico.*

Não se estranha, pois, que, a exemplo do que aconteceu com Garrett, também Herculano sinta alguma dificuldade (uma dificuldade, diga-se de passagem, assumida sem constrangimento) em determinar o género em que se enquadra o seu texto; «crónica-poema, lenda ou o que quer que seja», diz-se no prólogo, acrescentando o escritor numa nota: «Sou eu o primeiro que não sei classificar este livro; nem isso me aflige demasiado. Sem ambicionar para ele a qualificação de poema em prosa — que não o é por certo — também vejo, como todos hão-de ver, que não é um romance histórico [...]». E se hoje perfilhamos, para o Eurico *como para* O Monge de Cister *ou para* O Bobo, *a classificação de romance histórico, tal deve-se não só a conveniências de ordem metodológica, mas também ao facto de, mesmo contra a vontade expressa de tantos escritores românticos, a rebeldia a normas ter acabado por gerar alternativas que, elas também, finalizaram por se cristalizar em géneros discursivos relativamente definidos.*

Como quer que seja, o que agora importa observar é que a peculiaridade técnico-literária do Eurico *deve-se, antes de mais, ao facto de nele confluirem procedimentos de narração diferenciados. Assim, o* Eurico *constitui, na maior parte dos seus capítulos (I-III e IX-XIX) uma narração de tipo heterodiegético, ou seja, formulada por um narrador alheio à história e perfilhando em relação a ela (com mais força de razão se tivermos em conta a época em que se situa a acção) uma atitude de transcendência: trata-se de pintar o vasto cenário histórico em que se desenrolam movimentações de dimensões consideráveis (batalhas, intrigas políticas, cavalgadas, etc.), as quais ao* mesmo tempo servem de pano de fundo e de motivo de envolvimento na acção por parte do protagonista Eurico.

Já nos capítulos IV a VII é completamente diferente a configuração do discurso; é o próprio herói que enuncia uma série de considerações, de pendor acentuadamente intimista e confessional, através das quais se percebem os fundamentos da sua solidão afectiva, bem como as preocupações que o atormentam, perante o estado de decadência a que chegou o império de Espanha:

> Hoje, nos paços de Toletum só retumba o ruído das festas, os Francos e os Vascónicos talam as províncias do norte, e a espada dos guerreiros só reluz nas lutas civis.
> Hoje, os príncipes na embriaguez dos banquetes esqueceram--se das tradições de avós; esqueceram-se de que era aos capitães das hostes da Germânia que os Romanos imbeles davam o nome de reis.
> Hoje, a prostituição entrou no templo do Crucificado, os claustros das catedrais velam com o seu manto de pedra as abominações da torpeza, e as mãos do sacerdote deixam muitas vezes humedecida a tela que veste os altares com vestígios do sangue derramado covarde e vilmente. [...]
> Império de Espanha, império de Espanha! porque foram os teus dias contados?

Finalmente, numa passagem relativamente breve (capítulo VIII) o Eurico reclama-se também do estatuto da narrativa epistolar: trata-se das confidências e dos temores trocados entre o protagonista e o Duque de Córdova, as quais, aparecendo no corpo da obra sob a forma de cartas, constituem uma espécie de factor de verosimilhança adicional: porque recorrer ao testemunho da carta é, de certa forma, lançar mão de uma espécie de documento envolvido por uma aura de autenticidade e capaz, por isso, de transmitir ao relato uma conotação de verdade histórica.

A tudo o que ficou já dito, há que acrescentar ainda algumas considerações ligadas a uma última, mas não menos importante, directriz de valorização da obra. Referimo-nos à problemática da recepção do Eurico, isto é, à projecção sociocultural de que o romance beneficiou na época em que foi publicado e mesmo depois dela; trata-se

24

de um aspecto relevante, sobretudo se tivermos em conta que o tim-
bre dessa recepção tem muito que ver com a evolução do gosto român-
tico em Portugal e com o desenvolvimento da literatura ultra-român-
tica.

 Vitorino Nemésio, um dos mais atentos estudiosos da obra de
Herculano, referiu-se à popularidade do Eurico, *a breve tre-*
cho transformado em «breviário da idade dos sonhos», avançando
informações concretas que documentam a responsabilidade do romance
na formação dessa «espécie de andaço de alma» que afectou a segunda
geração romântica: reedições frequentes (seis até à morte do seu
autor), formação de sociedades literárias, uma ópera, adopção do
nome do herói, etc. «Em suma: leitores, discípulos, adaptadores,
libretistas, precipitavam-se utrás do vulto do Cavaleiro Negro
levando o amado fardo através da corrente do Sália... O Presbítero
era um farol, Hermengarda uma flâmula, a cor e a matéria do livro
tornavam-se proverbiais» (V. Nemésio); claro que essa cor devia
muito também ao estilo: escrito num discurso hoje irremediavelmente
envelhecido, o Eurico *não só lança mão de uma superabundância de*
vocábulos rebuscados e vagamente destinados a contribuírem para o
delinear de uma época histórica recôndita (são hoje pouco menos do
que bizarros termos como «tiufado», «gardingo», «estringe»,
«loriga», «imbele», «ecúleo», «amículo», «pélago», «franquisque»,
«ádito» e tantos outros), como ainda recorre com frequência à após-
trofe exclamativa e à solenidade retórica dos períodos alongados.

 A relação destes elementos (e de tantos outros similares que aqui
não podem ser inventariados) com a evolução do Romantismo portu-
guês é muito clara. Enraizada, como se viu já, num substrato ideoló-
gico e cultural conservador, a segunda geração romântica aproveitou
do Eurico *justamente o que mais lhe convinha, ou seja, o empolamen-*
to do estilo e as sugestões temáticas que melhor se ajustavam às coorde-
nadas que a regiam: a morte, a noite, a solidão, a saudade, etc. O que
não quer dizer que Herculano aprovasse ou aconselhasse um tal apro-
veitamento. Sabe-se que dificilmente um escritor consegue controlar o
modo como são lidas as suas obras, já que, uma vez publicadas, elas
pertencem já não a quem as escreveu, mas à comunidade que as
absorve de acordo com motivações e hábitos normalmente muito com-
plexos. É justamente por verificarmos que uma determinada geração
cultural apreendeu o Eurico *de forma algo tendenciosa que nos cabe*

*hoje tentar relê-lo não tanto para atentarmos no que nele há de
excessivo, mas para valorizarmos a sua dignidade de obra intrínseca e
genuinamente romântica.*

CARLOS REIS

EURICO O PRESBÍTERO

Para as almas, não sei se diga demasiadamente positivas, se demasiadamente grosseiras, o celibato do sacerdócio não passa de uma condição, de uma fórmula social aplicada a certa classe de indivíduos cuja existência ela modifica vantajosamente por um lado e desfavoravelmente por outro. A filosofia do celibato para os espíritos vulgares acaba aqui. Aos olhos dos que avaliam as cousas e os homens só pela sua utilidade social, essa espécie de insulação doméstica do sacerdote, essa indirecta abjuração dos afectos mais puros e santos, os da família, é condenada por uns como contrária ao interesse das nações, como danosa em moral e em política, e defendida por outros como útil e moral. Deus me livre de debater matéria tantas vezes disputada, tantas vezes exaurida pelos que sabem a ciência do mundo e pelos que sabem a ciência do céu! Eu, por minha parte, fraco argumentador, só tenho pensado no celibato à luz do sentimento e sob a influência da impressão singular que desde verdes anos fez em mim a ideia da irremediável solidão de alma a que a Igreja condenou os seus ministros, espécie de amputação espiritual, em que para o sacerdote morre a esperança de completar a sua existência na terra. Suponde todos os contentamentos, todas as consolações que as imagens celestiais e a crença viva podem gerar, e achareis que estas não suprem o triste vácuo da soledade do coração. Dai às paixões todo o ardor que puderdes, aos prazeres mil vezes mais intensidade, aos sentidos a máxima energia e convertei o mundo em paraíso, mas tirai dele a mulher, e o mundo será um ermo melancólico, os deleites serão apenas o prelúdio do tédio. Muitas vezes, na verdade, ela desce, arrastada por nós, ao charco imundo da extrema depravação moral; muitíssimas mais, porém, nos salva de nós mesmos e, pelo afecto e entusiasmo, nos impele a quanto há bom e generoso. Quem, ao menos uma vez, não creu na existência dos anjos revelada nos profundos vestígios dessa existência impressos num coração de mulher? E porque não seria ela na escala da criação um anel da cadeia dos entes, presa, de um lado, à humanidade pela fraqueza e pela morte e, do outro, aos espíritos puros pelo amor e pelo mistério? Porque não seria a mulher o intermédio entre o céu e a terra?

Mas, se isto assim é, ao sacerdote não foi dado compreendê-lo; não lhe foi dado julgá-lo pelos mil factos que no-lo têm dito a nós os que não jurámos junto do altar repelir metade da nossa alma, quando a Providência no-la fizesse encontrar na vida. Ao sacerdote cumpre aceitar esta por verdadeiro desterro: para ele o mundo deve passar desconsolado e triste, como se nos apresenta ao despovoarmo-lo daquelas por quem e para quem vivemos.

A história das agonias íntimas geradas pela luta desta situação excepcional do clero com as tendências naturais do homem seria bem dolorosa e variada, se as fases do coração tivessem os seus anais como os têm as gerações e os povos. A obra da lógica potente da imaginação que cria o romance seria bem grosseira e fria comparada com a terrível realidade histórica de uma alma devorada pela solidão do sacerdócio.

Essa crónica de amarguras procurei-a já pelos mosteiros quando eles desabavam no meio das nossas transformações políticas. Era um buscar insensato. Nem nos códices iluminados da Idade Média, nem nos pálidos pergaminhos dos arquivos monásticos estava ela. Debaixo das lájeas que cobriam os sepulcros claustrais havia, por certo, muitos que a sabiam; mas as sepulturas dos monges achei-as mudas. Alguns fragmentos avulsos que nas minhas indagações encontrei eram apenas frases soltas e obscuras da história que eu buscava debalde; debalde, porque à pobre vítima, quer voluntária, quer forçada ao sacrifício, não era lícito gemer, nem dizer aos vindouros: «Sabei quanto eu padeci!»

E, por isso mesmo que sobre ela pesava o mistério, a imaginação vinha aí para suprir a história. Da ideia do celibato religioso, das suas consequências forçosas e dos raros vestígios que destas achei nas tradições monásticas nasceu o presente livro.

Desde o palácio até a taberna e o prostíbulo; desde o mais

esplêndido viver até o vegetar do vulgacho mais rude, todos os lugares e todas as condições têm tido o seu romancista. Deixai que o mais obscuro de todos seja o do clero. Pouco perdereis com isso.

O MONASTICON é uma intuição quase profética do passado, às vezes intuição mais dificultosa que a do futuro.

Sabeis qual seja o valor da palavra *monge* na sua origem remota, na sua forma primitiva? É o de — *só e triste*.

Por isso na minha concepção complexa, cujos limites não sei de antemão assinalar, dei cabida à crónica-poema, lenda ou o que quer que seja[1] do presbítero godo: dei-lha, também, porque o pensamento dela foi despertado pela narrativa de certo manuscrito gótico, afumado e gasto do roçar dos séculos, que outrora pertenceu a um antigo mosteiro do Minho.

O MONGE DE CISTER, que deve seguir-se a EURICO, teve, proximamente, a mesma origem.

Ajuda, Novembro de 1843.

I

OS VISIGODOS

A um tempo toda a raça goda, soltas as rédeas do governo, começou a inclinar o ânimo para a lascívia e soberba.

MONGE DE SILOS: *Chronicon*. C.2

A raça dos Visigodos conquistadora das Espanhas subjugara toda a Península havia mais de um século. Nenhuma das tribos germânicas que, dividindo entre si as províncias do império dos césares, tinham tentado vestir sua bárbara nudez com os trajos despedaçados, mas esplêndidos, da civilização romana soubera como os Godos ajuntar esses fragmentos de púrpura e ouro para se compor a exemplo de povo civilizado. Leovigildo expulsara da Espanha quase que os derradeiros soldados dos imperadores gregos, reprimira a audácia dos Francos, que em suas correrias assolavam as províncias visigóticas de além dos Pirenéus, acabara com a espécie de monarquia que os Suevos tinham instituído na Galécia e expirara em Toletum[2], depois de ter estabelecido leis políticas e civis e a paz e ordem públicas nos seus vastos domínios, que se estendiam de mar a mar e, ainda, transpondo as montanhas da Vascónia, abrangiam grande porção da antiga Gália Narbonense.

Desde essa época, a distinção das duas raças, a conquistadora ou goda e a romana ou conquistada, quase desaparecera, e os homens do Norte haviam-se confundido juridicamente com os do Meio-Dia em uma só nação, para cuja grandeza contribuíra aquela

33

com as virtudes ásperas da Germânia, esta com as tradições da cultura e polícia romanas. As leis dos césares, pelas quais se regiam os vencidos, misturaram-se com as singelas e rudes instituições visigóticas, e já um código único, escrito na língua latina, regulava os direitos e deveres comuns quando o arianismo, que os Godos tinham abraçado abraçando o Evangelho, se declarou vencido pelo catolicismo, a que pertencia a raça romana. Esta conversão dos vencedores à crença dos subjugados foi o complemento da fusão social dos dois povos. A civilização, porém, que suavizou a rudeza dos bárbaros era uma civilização velha e corrupta. Por alguns bens que produziu para aqueles homens primitivos, trouxe-lhes o pior dos males, a perversão moral. A monarquia visigótica procurou imitar o luxo do império que morrera e que ela substituíra. Toletum quis ser a imagem de Roma ou de Constantinopla. Esta causa principal, ajudada por muitas outras, nascidas em grande parte da mesma origem, gerou a dissolução política por via da dissolução moral.

Debalde muitos homens de génio revestidos da autoridade suprema tentaram evitar a ruína que viam no futuro: debalde o clero espanhol, incomparavelmente o mais alumiado da Europa naquelas eras tenebrosas e cuja influência nos negócios públicos era maior que a de todas as outras classes juntas, procurou nas severas leis dos concílios, que eram ao mesmo tempo verdadeiros parlamentos políticos, reter a nação que se despenhava. A podridão tinha chegado ao âmago da árvore, e ela devia secar. O próprio clero se corrompeu por fim. O vício e a degeneração corriam soltamente, rota a última barreira.

Foi então que o célebre Roderico se apossou da coroa. Os filhos do seu predecessor Vitiza, os mancebos Sisebuto e Ebas, disputaram-lha largo tempo; mas, segundo parece dos escassos monumentos históricos dessa escura época, cederam por fim, não à usurpação, porque o trono gótico não era legalmente hereditário, mas à fortuna e ousadia do ambicioso soldado, que os deixou viver em paz na própria corte e os revestiu de dignidades militares. Daí, se dermos crédito a antigos historiadores, lhe veio a última ruína na batalha do rio Chrysus ou Guadalete, em que o império gótico foi aniquilado.

No meio, porém, da decadência dos Godos, algumas almas

conservaram ainda a têmpera robusta dos antigos homens da Germânia. Da civilização romana elas não haviam aceitado senão a cultura intelectual e as sublimes teorias morais do cristianismo. As virtudes civis e, sobretudo, o amor da pátria tinham nascido para os Godos logo que, assentando o seu domínio nas Espanhas, possuíram de pais a filhos o campo agricultado, o lar doméstico, o templo da oração e o cemitério do repouso e da saudade. Nestes corações, onde reinavam afectos ao mesmo tempo ardentes e profundos, porque neles a índole meridional se misturava com o carácter tenaz dos povos do Norte, a moral evangélica revestia esses afectos duma poesia divina, e a civilização ornava-os de uma expressão suave, que lhes realçava a poesia. Mas no fim do século sétimo eram já bem raros aqueles em quem as tradições da cultura romana não haviam subjugado os instintos generosos da barbaria germânica e a quem o cristianismo fazia ainda escutar o seu verbo íntimo, esquecido no meio do luxo profano do clero e da pompa insensata do culto exterior. Uma longa paz com as outras nações tinha convertido a antiga energia dos Godos em alimento das dissensões intestinas, e a guerra civil, gastando essa energia, havia posto em lugar dela o hábito das traições covardes, das vinganças mesquinhas, dos enredos infames e das abjecções ambiciosas. O povo, esmagado debaixo do peso dos tributos, dilacerado pelas lutas dos bandos civis, prostituído às paixões dos poderosos, esquecera completamente as virtudes guerreiras de seus avós. As leis de Vamba e as expressões de Ervígio no duodécimo concílio de Toletum revelam quão fundo ia nesta parte o cancro da degeneração moral das Espanhas. No meio de tantos e tão cruéis vexames e padecimentos, o mais custoso e aborrecido de todos eles para os afeminados descendentes dos soldados de Teodorico, de Torismundo, de Teudes e de Leovigildo era o vestir as armas em defensão daquela mesma pátria que os heróis visigodos tinham conquistado para a legarem a seus filhos, e a maioria do povo preferia a infâmia que a lei impunha aos que recusavam defender a terra natal aos riscos gloriosos dos combates e à vida fadigosa da guerra.

Tal era, em resumo, o estado político e moral da Espanha na época em que aconteceram os sucessos que vamos narrar.

II

O PRESBÍTERO

Sublimado ao grau de presbítero... quanta brandura,
qual caridade fosse a sua o amor de todos lho demonstrava.

ÁLVARO DE CÓRDOVA: *Vida de Santo Eulógio*. C. 1

No recôncavo da baía que se encurva ao oeste do Calpe, Carteia, a filha dos Fenícios, mira ao longe as correntes rápidas do
estreito que divide a Europa da África. Opulenta outrora, os seus
estaleiros tinham sido famosos antes da conquista romana, mas
apenas restam vestígios deles; as suas muralhas haviam sido extensas e sólidas, mas jazem desmoronadas; os seus edifícios foram
cheios de magnificência, mas caíram em ruínas; a sua povoação era
numerosa e activa, mas rareou e tornou-se indolente. Passaram
por lá as revoluções, as conquistas, todas as vicissitudes da Ibéria
durante doze séculos, e cada vicissitude dessas deixou aí uma
pegada de decadência. Os curtos anos de esplendor da monarquia
visigótica tinham sido para ela como um dia formoso de Inverno,
em que os raios do Sol resvalam pela face da Terra sem a aquecerem, para depois vir a noite, húmida e fria como as que a precederam. Debaixo do governo de Vitiza e de Roderico a antiga Carteia
é uma povoação decrépita e mesquinha, à roda da qual estão
espalhados os fragmentos da passada opulência e que, talvez, na
sua miséria, apenas nas recordações que lhe sugerem esses farrapos de louçainhas juvenis acha algum refrigério às amarguras da
malfadada velhice.

Não! Resta-lhe ainda outro: a religião do Cristo.

O presbitério, situado no meio da povoação, era um edifício humilde, como todos os que ainda subsistem alevantados pelos Godos sobre o solo da Espanha. Cantos enormes sem cimento alteiam-lhe os muros; cobre-lhe o âmbito um tecto achatado, tecido de grossas traves de carvalho subpostas ao ténue colmo: o seu portal profundo e estreito pressagia de certo modo a misteriosa portada da catedral da Idade Média: as suas janelas, por onde a claridade, passando para o interior, se transforma em tristonho crepúsculo, são como um tipo indeciso e rude das frestas que, depois, alumiaram os templos edificados no décimo quarto século, através das quais, coada por vidros de mil cores, a luz ia bater melancólica nos alvos panos dos muros gigantes e estampar neles as sombras das colunas e arcos enredados das naves. Mas, se o presbitério visigótico, no escasso da claridade, se aproxima do tipo cristão de arquitectura, no resto revela que ainda as ideias grosseiras do culto de Ódin não se tem apagado de todo nos filhos e netos dos bárbaros, convertidos há três ou quatro séculos à crença do Crucificado.

O presbítero Eurico era o pastor da pobre paróquia de Carteia. Descendente de uma antiga família bárbara, gardingo na corte de Vitiza, depois de ter sido tiufado ou milenário do exército visigótico[3], vivera os ligeiros dias da mocidade no meio dos deleites da opulenta Toletum. Rico, poderoso, gentil, o amor viera, apesar disso, quebrar a cadeia brilhante da sua felicidade. Namorado de Hermengarda, filha de Fávila, duque de Cantábria, e irmã do valoroso e depois tão célebre Pelágio, o seu amor fora infeliz. O orgulhoso Fávila não consentira que o menos nobre gardingo pusesse tão alto a mira dos seus desejos. Depois de mil provas de um afecto imenso, de uma paixão ardente, o moço guerreiro vira submergir todas as suas esperanças. Eurico era uma destas almas ricas de sublime poesia a que o mundo deu o nome de imaginações desregradas, porque não é para o mundo entendê-las. Desventurado, o seu coração de fogo queimou-lhe o viço da existência ao despertar dos sonhos do amor que o tinham embalado. A ingratidão de Hermengarda, que parecera ceder sem resistência à vontade de seu pai, e o orgulho insultuoso do velho prócer deram em terra com aquele ânimo, que o aspecto da morte não seria capaz de abater. A melancolia que o devorava, consumindo-lhe as forças, fê-lo cair em longa e perigosa enfermidade, e, quando a energia de uma constituição vigorosa o arrancou das bordas do túmulo, semelhante ao anjo rebelde, os toques belos e puros do seu gesto formoso e varonil transpareciam-lhe a custo através do véu de muda tristeza que lhe entenebrecia a fronte. O cedro pendia fulminado pelo fogo do céu.

Uma destas revoluções morais que as grandes crises produzem no espírito humano se operou então no moço Eurico. Educado na crença viva daqueles tempos; naturalmente religioso porque poeta, foi procurar abrigo e consolações aos pés d'Aquele cujos braços estão sempre abertos para receber o desgraçado que neles vai buscar o derradeiro refúgio. Ao cabo das grandezas cortesãs o pobre gardingo encontrara a morte do espírito, o desengano do mundo. Ao cabo da estreita senda da Cruz acharia ele, porventura, a vida e o repouso íntimos? Era este problema, no qual se resumia todo o seu futuro, que tentava resolver o pastor do pobre presbitério da velha cidade do Calpe.

Depois de passar pelos diferentes graus do sacerdócio, Eurico recebera ainda de Siseberto, o predecessor de Opas na Sé de Híspalis, o encargo de pastorear esse diminuto rebanho da povoação fenícia. O moço presbítero, legando à catedral uma porção dos senhorios que herdara juntamente com a espada conquistadora de seus avós, havia reservado apenas uma parte das próprias riquezas. Era esta a herança dos miseráveis, que ele sabia não escassearem na quase solitária e meia arruinada Carteia.

A nova existência de Eurico tinha modificado, porém não destruído, o seu brilhante carácter. A maior das humanas desventuras, a viuvez do espírito, abrandara, pela melancolia, as impetuosas paixões do mancebo e apagara nos seus lábios o riso do contentamento, mas não pudera desvanecer no coração do sacerdote os generosos afectos do guerreiro, nem as inspirações do poeta. O templo havia santificado aqueles, moldando-os pelo Evangelho, e tornando estas mais solenes, alimentando-as com as imagens e sentimentos sublimes estampados nas páginas sacrossantas da Bíblia. O entusiasmo e o amor tinham ressurgido naquele coração que parecera morto, mas transformados: o entusiasmo em entusiasmo pela virtude; o amor em amor dos homens. E a esperança? Oh, a esperança, essa é que não renascera!

III

O POETA

Nenhum de vós ouse reprovar os hinos compostos em louvor de Deus.

Concílio de Toledo IV. C. 13

Muitas vezes, pela tarde, quando o Sol, transpondo a baía de Carteia, descia afogueado para a banda de Melária, dourando com os últimos esplendores os cimos da montanha piramidal do Calpe, via-se ao longo da praia vestido com a flutuante estringe[4] o presbítero Eurico, encaminhando-se para os alcantis aprumados à beira-mar. Os pastores que o encontravam, voltando ao povoado, diziam que, ao passarem por ele e ao saudarem-no, nem sequer os escutava, e que dos seus lábios semiabertos e trémulos rompia um sussurro de palavras inarticuladas, semelhante ao ciciar da aragem pelas ramas da selva. Os que lhe espreitavam os passos, nestes largos passeios da tarde, viam-no chegar às raízes do Calpe, trepar aos precipícios, sumir-se entre os rochedos e aparecer, por fim, lá ao longe, imóvel sobre algum píncaro requeimado pelos sóis do Estio e puído pelas tempestades do Inverno. Ao lusco-fusco, as amplas pregas da estringe de Eurico, branquejando movediças à mercê do vento, eram o sinal de que ele estava lá, e, quando a Lua subia às alturas do céu, esse alvejar de roupas trémulas durava, quase sempre, até que o planeta da saudade se atufava nas águas do Estreito. Daí a poucas horas, os habitantes de Carteia que se erguiam para os seus trabalhos rurais antes do alvorecer, olhando para o presbitério, viam, através dos vidros corados da solitária morada de Eurico, a luz da lâmpada nocturna que esmorecia, desvanecendo-se na claridade matutina. Cada qual tecia então sua novela ajudado pelas crenças da superstição popular: artes criminosas, trato com o espírito mau, penitência de uma abominável vida passada, e, até, a loucura, tudo serviu sucessivamente para explicar o proceder misterioso do presbítero. O povo rude de Carteia não podia entender esta vida de excepção, porque não percebia que a inteligência do poeta precisa de viver num mundo mais amplo do que esse a que a sociedade traçou tão mesquinhos limites.

Mas Eurico era como um anjo tutelar dos amargurados. Nunca a sua mão benéfica deixou de estender-se para o lugar onde a aflição se assentava; nunca os seus olhos recusaram lágrimas que se misturassem com lágrimas de alheias desventuras. Servo ou homem livre, liberto ou patrono, para ele todos eram filhos. Todas as condições se livelavam onde ele aparecia; porque, pai comum daqueles que a Providência lhe confiara, todos para ele eram irmãos. Sacerdote do Cristo, ensinado pelas largas horas de íntima agonia, esmagado o seu coração pela soberba dos homens, Eurico percebera, enfim, claramente que o cristianismo se resume em uma palavra — fraternidade. Sabia que o Evangelho é um protesto, ditado por Deus para os séculos, contra as vãs distinções que a força e o orgulho radicaram neste mundo de lodo, de opressão e de sangue; sabia que a única nobreza é a dos corações e dos entendimentos que buscam erguer-se para as alturas do céu, mas que essa superioridade real é exteriormente humilde e singela.

Pouco a pouco, a severidade dos costumes do pastor de Carteia e a sua beneficência, tão meiga, tão despida das insolências que costumam acompanhar e encher de amargor para os miseráveis a piedade hipócrita dos felizes da terra; essa beneficência que a religião chamou caridade, porque a linguagem dos homens não tinha palavra que exprimisse rigorosamente um afecto revelado à terra pela vítima do Calvário; essa beneficência que a gratidão geral recompensava com amor sincero tinha desvanecido gradualmente as suspeitas odiosas que o proceder extraordinário do presbítero suscitara a princípio. Enfim, certo domingo em que, tendo aberto as portas do templo, e havendo já o salmista entoado os cânticos matutinos, o ostiário buscava[5] cuidadoso o sacerdote, que parecia ter-se esquecido da hora em que devia sacrificar a hóstia do cordeiro e abençoar o povo, foi encontrá-lo adormecido junto à sua lâmpada ainda acesa e com o braço firmado sobre um pergaminho coberto de linhas desiguais. Antes de despertar Eurico, o ostiário correu com os olhos a parte da escritura que o braço do presbítero não encobria. Era um novo hino no género daqueles que Isidoro, o célebre bispo de Híspalis, introduzira nas solenidades da Igreja goda. Então o ostiário entendeu o mistério da vida errante do pastor de Carteia e as suas vigílias nocturnas. Não tardou em espalhar-se na povoação e nos lugares circunvizinhos que Eurico era o autor de alguns cânticos religiosos transcritos nos hinários de várias dioceses, e uma parte dos quais brevemente foi admitida na própria Catedral de Híspalis. O carácter de poeta tornou-o ainda mais respeitável. A poesia, dedicada quase exclusivamente entre os Visigodos às solenidades da Igreja, santificava a arte e aumentava a veneração pública para quem a exercitava. O nome do presbítero começou a soar por toda a Espanha, como o de um sucessor de Dracôncio, de Merobaude e de Orêncio[6].

Desde então ninguém mais lhe seguiu os passos. Assentado nos alcantis do Calpe, vagabundo pelas campinas vizinhas ou embrenhado pelas selvas sertanejas, deixaram-no tranquilo embalar-se nos seus pensamentos. Na conta de inspirado por Deus, quase na de profeta, o tinham as multidões. Não gastava ele as horas que lhe sobejavam do exercício de seu laborioso ministério numa obra do Senhor? Não deviam esses hinos da soledade e da noite derramar-se como um perfume ao pé dos altares? Não completava Eurico a sua missão sacerdotal, revestindo a oração das harmonias do céu, estudadas e colhidas por ele no silêncio e na meditação? Mancebo, o numeroso clero das paróquias vizinhas considerava-o como o mais venerável entre os seus irmãos no sacerdócio, e os velhos procuravam na sua fronte, quase sempre carregada e triste, e nas suas breves mas eloquentes palavras o segredo das inspirações e o ensino da sabedoria.

Mas, se os que o acatavam como um predestinado soubessem quão negra era a predestinação do poeta, porventura que essa espécie de culto de que o cercavam se converteria em compaixão ou antes em terror. Os hinos tão suaves, tão cheios de unção, tão íntimos, que os salmistas das catedrais de Espanha repetiam com entusiasmo eram como o respirar tranquilo do sono da madrugada que vem depois de arquejar e gemer de pesadelo nocturno. Rápido e raro passava o sorrir nas faces de Eurico; profundas e indeléveis eram as rugas da sua fronte. No sorriso reverberava o hino pio, harmonioso, santo dessa alma, quando, alevantando-se da terra, se entranhava nos sonhos de um mundo melhor. Às rugas, porém, da fronte do presbítero, semelhantes às vagas varridas pelo noroeste, respondia um canto lúgubre de cólera ou desalento, que rebramia lá dentro, quando a sua imaginação, caindo, como a águia ferida, das alturas do espaço, se rojava pela morada dos homens. Era este canto doloroso e tétrico, o qual lhe transudava do coração em noites não dormidas, na montanha ou na selva, na campina ou no estreito aposento, que ele derramava em torrentes de amargura ou de fel sobre pergaminhos que nem o ostiário nem ninguém tinha visto. Estes poemas, em que palpitava a indignação e a dor de um ânimo generoso, eram o Getsémani do poeta. Todavia, os virtuosos nem sequer o imaginavam, porque não perceberiam como, tranquila a consciência e repousada a vida, um coração pode devorar-se a si próprio, e os maus não criam que o sacerdote, embebido unicamente em suas esperanças crédulas, em suas cogitações de além do túmulo, curasse dos males e crimes que roíam o império moribundo dos Visigodos; não criam que tivesse um verbo de cólera para amaldiçoar os homens aquele que ensinava o perdão e o amor. Era por isso que o poeta escondia as suas terríveis inspirações. Monstruosas para uns, objecto de ludíbrio para outros, numa sociedade corrupta, em que a virtude era egoísta e o vício incrédulo, ninguém o escutara, ou, antes, ninguém o entenderia.

Levado à existência tranquila do sacerdócio pela desesperança, Eurico sentira a princípio uma suave melancolia refrigerar-lhe a alma requeimada ao fogo da desdita. A espécie de torpor moral em que uma rápida transição de hábitos e pensamentos o lançara pareceu-lhe paz e repouso. A ferida afizera-se ao ferro que estava dentro dela, e Eurico supunha-a sarada. Quando um novo afecto veio espremê-la é que sentiu que não se havia cerrado, e que o sangue manava ainda, porventura, com mais força. Um amor de mulher mal correspondido a tinha aberto: o amor da pátria, despertado pelos acontecimentos que rapidamente sucediam uns aos outros na Espanha despedaçada pelos bandos civis, foi a mão que de novo abriu essa chaga. As dores recentes, avivando as antigas, começaram a converter pouco a pouco os severos princípios do cristianismo em flagelo e martírio daquela alma, que, a um tempo, o mundo repelia e chamava e que nos seus transes de angústia sentia escrita na consciência com a pena do destino esta sentença cruel: nem a todos dá o túmulo a bonança das tempestades do espírito.

As cenas de dissolução social que naquele tempo se representavam na Península eram capazes de despertar a indignação mais veemente em todos os ânimos que ainda conservavam um diminuto vestígio do antigo carácter godo. Desde que Eurico trocara o gardingato pelo sacerdócio, os ódios civis, as ambições, a ousadia dos bandos e a corrupção dos costumes haviam feito incríveis progressos. Nas solidões do Calpe tinha reboado a desastrada morte de Vitiza, a entronização violenta de Roderico e as conspirações que ameaçavam rebentar por toda a parte e que a muito custo o novo monarca ia afogando em sangue. Ebas e Sisebuto, filhos de Vitiza, Opas, seu tio, sucessor de Siseberto na Sé de Híspalis, e Juliano, conde dos domínios espanhóis nas costas de África, do outro lado do Estreito, eram os cabeças dos conspiradores. Unicamente o povo conservava ainda alguma virtude, a qual, semelhante ao líquido transvasado por cendal delgado e gasto, escoara inteiramente através das classes superiores. Oprimido, todavia, por muitos géneros de violências, esmagado debaixo dos pés dos grandes que lutavam, descrera por fim da pátria, tornando-se indiferente e covarde, prestes a sacrificar a sua existência colectiva à paz individual e doméstica. A força moral da nação tinha, portanto, desaparecido, e a força material era apenas um fantasma; porque, debaixo das lorigas dos cavaleiros e dos saios dos peões das hostes não havia senão ânimos gelados, que não podiam aquecer-se ao fogo do santo amor da terra natal.

Com a profunda inteligência de poeta, o presbítero contemplava este horrível espectáculo de uma nação cadáver e, longe do bafo empestado das paixões mesquinhas e torpes daquela geração

43

degenerada, ou derramava sobre o pergaminho em torrentes de fel, de ironia e de cólera a amargura que lhe trasbordava do coração ou, recordando-se dos tempos em que era feliz porque tinha esperança, escrevia com lágrimas os hinos de amor e de saudade. Das elegias tremendas do presbítero alguns fragmentos que duraram até hoje diziam assim:

IV

RECORDAÇÕES

Onde é que se escondeu enfraquecida a antiga fortaleza?
S.ᵗᵒ Eulógio: *Memorial dos Santos*. Liv. 3.º

Presbitério de Carteia
À meia-noite dos idos de Dezembro de 748.

1

Era por uma destas noites vagarosas do Inverno em que o brilho do céu sem lua é vivo e trémulo; em que o gemer das selvas é profundo e longo; em que a soledade das praias e ribas fragosas do oceano é absoluta e tétrica.

Era a hora em que o homem está recolhido nas suas mesquinhas moradas; em que pelos cemitérios o orvalho se pendura do topo das cruzes e, sozinho, goteja das bordas das campas; em que só ele chora os mortos. As larvas da imaginação e o gear nocturno afastam do campo santo a saudade da viúva e do órfão, a desesperação da amante, o coração despedaçado do amigo. Para se consolarem, os infelizes dormiam tranquilos nos seus leitos macios!... enquanto os vermes iam roendo esses cadáveres amarrados pelos grilhões da morte. Hipócritas dos afectos humanos, o sono enxugou-lhes as lágrimas!

E depois, as lousas eram já tão frias! Nos seios do torrão

húmido o sudário do cadáver tinha apodrecido com ele.

Haverá paz no túmulo? Deus sabe o destino de cada homem. Para o que aí repousa sei eu que há na terra o esquecimento!

Os mares pareciam naquela hora recordar-se ainda do rugido harmonioso do Estio, e a vaga arqueava-se, rolava e, espreguiçando--se pela praia, reflectia a espaços nas golfadas de escuma a luz indecisa dos céus.

E o animal que ri e chora, o rei da criação, a imagem da divindade, onde é que se escondera?

Tremia de frio em aposento cerrado, e sentia confrangido a brisa fresca do norte que passava nas trevas e sibilava contente nas sarças rasteiras dos maninhos desertos.

Sem dúvida, o homem é forte e a mais excelente obra da criação. Glória ao rei da natureza que tiritando geme!

Orgulho humano, qual és tu mais — feroz, estúpido ou ridículo?

2

Não eram assim os Godos do Oeste[7] quando, ora arrastando por terra as águias romanas, ora segurando com o seu braço de ferro o império que desabava, imperavam na Itália, nas Gálias e nas Espanhas, moderadores e árbitros entre o Setentrião e o Meio-Dia:

Não eram assim, quando o velho Teodorico, semelhante ao urso feroz da montanha, combatia nos campos cataláunicos[8], rodeado de três filhos, contra o terrível Átila e ganhava no seu último dia a sua última vitória:

Quando a larga e curta espada de dois gumes se convertera em foice da morte nas mãos dos godos, e diante dela retrocedia a cavalaria dos gépidas, e os esquadrões dos hunos vacilavam, dando roucos gritos de espanto e terror.

Quando as trevas eram mais cerradas e profundas viam-se à claridade das estrelas relampaguear as armas dos hunos, volteando em redor dos seus carros, que lhes serviam de valos. Como o caçador espreita o leão tomado no fojo, os visigodos os vigiavam, esperando o romper da alvorada.

46

Lá, o sopro gelado da noite não fazia confranger nossos avós debaixo das armaduras. Lá, a neve era um leito como outro qualquer, e o rugir do bosque, debatendo-se nas asas da tempestade, era uma cantilena de repouso.

O velho Teodorico caíra atravessado por uma frecha despedida pelo ostrogodo Handags, que, com os da sua tribo, combatia pelos hunos.

Os visigodos viram-no, passaram avante e vingaram-no. Ao pôr do Sol, gépidas, ostrogodos, ciros, burgundos, turíngios, hunos, misturados uns com outros, tinham mordido a terra cataláunica, e os restos da inumerável hoste de Átila, encerrados no seu acampamento fortificado, preparavam-se para morrer; porque Teodorico jazia para sempre, e o franquisque dos visigodos era vingador e inexorável.

O romano Aécio teve, porém, piedade de Átila e disse aos filhos de Teodorico:

— Ide-vos, porque o império está salvo.

E Torismundo, o mais velho, perguntou a seus dois irmãos Teodorico e Frederico:

— Está acaso vingado o sangue de nosso pai?

De sobejo o estava ele! Ao aparecer do dia, por quanto os olhos podiam alcançar, não se viam senão cadáveres.

E os visigodos deixaram entregues a si os romanos, que, desde então, não souberam senão fugir diante de Átila.

Quem contará, porém, as vitórias de nossos avós durante três séculos de glória? Quem poderá celebrar o esforço de Eurico, de Teudes, de Leovigildo; quem saberá todas as virtudes de Recaredo e de Vamba?

Mas, em qual coração resta hoje virtude e esforço, no vasto império de Espanha?

3

Era, pois, numa destas noites como a que desceu do céu depois do desbarato dos hunos; era numa destas noites em que a terra, envolta no seu manto de escuridade, se povoa de terrores incertos; em que o sussurro do pinhal é como um coro de finados, o despenho da torrente como um ameaçar de assassino, o grito da ave nocturna como uma blasfémia do que não crê em Deus.

Nessa noite fria e húmida, arrastado por agonia íntima, vagava eu às horas mortas pelos alcantis escalvados das ribas do mar, e enxergava ao longe o vulto negro das águas balouçando-se no abismo que o Senhor lhes deu para perpétua morada.

Por cima da minha cabeça passava o norte agudo. Eu amo o sopro do vento, como o rugido do mar:

Porque o vento e o oceano são as duas únicas expressões sublimes do verbo de Deus, escritas na face da Terra quando ainda ela se chamava o caos.

Depois é que surgiu o homem e a podridão, a árvore e o verme, a bonina e o emurchecer.

E o vento e o mar viram nascer o género humano, crescer a selva, florescer a Primavera; — e passaram, e sorriram-se.

E, depois, viram as gerações reclinadas nos campos do sepulcro, as árvores derribadas no fundo dos vales secas e carcomidas, as flores pendidas e murchas pelos raios do Sol do Estio; — e passaram, e sorriram-se.

Que tinham eles, de feito, com essas existências, mais passageiras e incertas que as correntezas de um e que as ondas buliçosas do outro?

4

O mundo actual nunca poderá entender plenamente o afecto que, vibrando-me dolorosamente as fibras do coração, me arrastava para as solidões marinhas do promontório, quando os outros homens nos povoados se apinhavam à roda do lar aceso e falavam das suas mágoas infantis e dos seus contentamentos de um instante.

E que me importa a mim isso? Virão um dia a esta nobre terra de Espanha gerações que compreendam as palavras do presbítero.

Arrastava-me para o ermo um sentimento íntimo, o sentimento de haver acordado, vivo ainda, deste sonho febril chamado vida, e de que hoje ninguém acorda, senão depois de morrer.

Sabeis o que é esse despertar de poeta?

É o ter entrado na existência com um coração que trasborda de amor sincero e puro por tudo quanto o rodeia, e ajuntarem-se os homens e lançarem-lhe dentro do seu vaso de inocência lodo, fel e peçonha e, depois, rirem-se dele:

É o ter dado às palavras — virtude, amor pátrio e glória — uma significação profunda e, depois de haver buscado por anos a realidade delas neste mundo, só encontrar aí hipocrisia, egoísmo e infâmia:

É o perceber à custa de amarguras que o existir é padecer, o pensar descrer, o experimentar desenganar-se e a esperança nas cousas da terra uma cruel mentira de nossos desejos, um fumo ténue que ondeia em horizonte aquém do qual está assentada a sepultura.

Este é o acordar do poeta. Depois disso, nos abismos da sua alma só há para mandar aos lábios um sorriso de desprezo em resposta às palavras mentidas dos que o cercam ou uma voz de maldição desabridamente sincera para julgar as acções dos homens.

É então que para ele há unicamente uma vida real — a íntima; unicamente uma linguagem inteligível — a do bramido do mar e do rugido dos ventos; unicamente uma convivência não travada de perfídia — a da solidão.

5

Tal era eu quando me assentei sobre as fragas; e a minha alma via passar diante de si esta geração vaidosa e má, que se crê grande e forte, porque sem horror derrama em lutas civis o sangue de seus irmãos.

E o meu espírito atirava-se para as trevas do passado.

E o sopro rijo do norte afagava-me a fronte requeimada pela amargura, e a memória consolava-me das dissoluções presentes com a aspiração suave do formoso e enérgico viver de outrora.

E o meu meditar era profundo, como o céu, que se arqueia imóvel sobre nossas cabeças; como o oceano, que, firmando-se em pé no seu leito insondável, braceja pelas baías e enseadas, tentando esboroar e desfazer os continentes.

E eu pude, enfim, chorar.

6

Que fora a vida se nela não houvera lágrimas?

O Senhor estende o seu braço pesado de maldições sobre um povo criminoso; o pai que perdoara mil vezes converte-se em juiz inexorável; mas ainda assim, a Piedade não deixa de orar junto dos degraus do seu trono.

Porque sua irmã é a Esperança, e a esperança nunca morre nos céus. De lá ela desce ao seio dos maus antes que sejam precitos.

E os desgraçados na sua miséria conservam sempre olhos que saibam chorar.

A dor mais tremenda do espírito quebrantam-na e entorpecem-na as lágrimas.

O Sempiterno as criou quando nossa primeira mãe nos converteu em réprobos: elas servem, porventura, ainda de algum refrigério lá nas trevas exteriores, onde há o ranger dos dentes.

Meu Deus, meu Deus! Bendito seja o teu nome, porque nos deste o chorar.

V

A MEDITAÇÃO

Então os Godos cairão na guerra;
Então fero inimigo há-de oprimi-los
Com ruínas sem conto, e o susto e a fome.

Hino de S. *Isidoro*, em Lucas de Tui.
Chronicon. Liv. 3.º

No templo. Ao romper de alva.
Dia de Natal da era de 748.

1

Mais de sete séculos são passados depois que tu, oh Cristo, vieste visitar a terra.

E as tuas palavras foram escutadas pelos indomáveis filhos da Gótia, e eles ajoelharam aos pés da Cruz.

Era que nessas palavras divinas havia uma poesia celeste, a qual as almas rudes mas virgens do Setentrião sentiam casar-se com as suas primitivas virtudes.

Tu evangelizavas a liberdade e condenavas todo o género de tirania: tu restituías ao valor a sua generosidade; à generosidade a sua modéstia; tu revelavas inauditos mistérios no esforço do morrer: a constância dos teus mártires escurecia a dos nossos guerreiros quando, debaixo do punhal de inimigo vitorioso, recusavam confessar-se vencidos.

51

Tu convertias o amor, esse afecto delicioso, até então limitado ao gozo material da mulher, em sentimento grande e sublime: alargavas o âmbito do coração por toda a terra, por tudo quanto nela vive e respira, e davas-lhe para conquistar todas as existências dos céus.

A generosidade, o esforço e o amor, ensinaste-os tu em toda a sua sublimidade; só nas almas dos bárbaros estavam eles em gérmen. Não para os Romanos corrompidos, mas para nós, os selvagens setentrionais, era o cristianismo. Para estes o Evangelho assemelhava-se ao Sol que rompe de além das serras e que ilumina, aquece e alegra; para os escravos abjectos dos césares assemelhava-se ao Sol mergulhando-se no mar, que só deixa nos campos escuridão, frialdade e tristeza.

Por isso, enquanto eles voltavam as costas à tua Cruz ou a lançavam de envolta com os ídolos nos seus mesquinhos larários, nós quebrávamos no fundo das selvas ou no topo das montanhas as imagens de Ódin, de Tor e de Freda e corríamos a abraçarmo-nos com ela.

Tem compaixão de nós, oh Cristo: lembra-te de que os ossos dos que assim o fizeram ainda não são inteiramente cinzas debaixo das lousas; porque só quatro séculos têm passado por cima deles.

2

Quem é hoje cristão e godo nesta nossa terra de Espanha?

Uma geração degenerada pisa os restos de heróis: homens sem crença, blasfemos ou hipócritas, sucederam aos que criam na grandeza moral do género humano e na providência de Deus.

Dantes, os príncipes do povo eram os capitães das hostes: a espada dos reis a primeira que se tingia no sangue dos inimigos da pátria.

Dantes, o sacerdote era o anjo da terra: os que passavam curvavam-se para beijar a fímbria da sua estringe; porque a paz e a esperança entravam em todas as moradas sobre que desciam as bênçãos dele.

Dantes, o juiz era o pai do oprimido, o tribunal o abrigo do inocente, a justiça o nervo do Império Gótico.

Dantes, nos conselhos dos prelados, dos nobres, dos homens livres, as leis iam buscar a sanção da sabedoria e aferir-se pela utilidade comum. Lá, o rei sabia que o poder lhe vinha de Deus e da vontade dos Godos, que o ceptro era cajado de pastor, não cutelo de algoz, e a coroa uma carga pesada, não uma auréola de vanglória.

Hoje, nos paços de Toletum só retumba o ruído das festas, os francos e os vascónios talam as províncias do Norte, e a espada dos guerreiros só reluz nas lutas civis.

Hoje, os príncipes na embriaguez dos banquetes esqueceram--se das tradições de avós; esqueceram-se de que era aos capitães das hostes da Germânia que os romanos imbeles davam o nome de reis.

Hoje, a prostituição entrou no templo do Crucificado: os claustros das catedrais velam com o seu manto de pedra as abominações da torpeza, e as mãos do sacerdote deixam muitas vezes humedecida a tela que veste os altares com vestígios do sangue derramado covarde e vilmente.

Hoje, a cobiça assentou-se no lugar da equidade: o juiz vende a consciência no mercado dos poderosos, como as mulheres de Babilónia vendiam a pudicícia nas praças públicas aos que passavam, diante da luz do dia.

Hoje, a espada substituiu o conselho dos prelados, dos nobres e dos homens livres: a coroa é uma conquista, a lei vontade do desonrado vencedor de pelejas domésticas, a liberdade palavra mentida.

Império de Espanha, império de Espanha! porque foram os teus dias contados?

3

O Sol oriental que ora bate ridente no pavimento da igreja aflige a minha alma, porque me parece que, alumiando esta terra condenada, se assemelha a homem cruel que viesse dar uma risada junto ao leito do moribundo.

Porque te havia eu de amar, oh Sol, se tu és o inimigo dos sonhos do imaginar; se tu nos chamas à realidade, e a realidade é tão triste?

Pela escuridão da noite, nos lugares ermos e às horas mortas do alto silêncio a fantasia do homem é mais ardente e robusta.

É então que ele dá movimento e vida aos penhascos, voz e entendimento às selvas que se meneiam e gemem à mercê da brisa nocturna.

É então que ele colige as suas recordações; une, parte, transmuda as imagens das existências que viu passar ante si e estampa nas sombras que o rodeiam um universo transitório, mas para ele real.

E é belo esse mundo de fantasmas aéreos, por entre cujos lábios descorados não transpiram nem perjúrio nem dobrez, e a cujos olhos sem brilho não assoma o reflexo de ânimos pervertidos.

Aí há o repouso, a paz e a esperança que desapareceram da terra; porque o mundo das visões cria-o a mente pura do poeta: ela dá corpo e vulto ao que já só é ideal, e o passado, deixando cair o seu imenso sudário, ergue-se em pé e, pondo-se diante do que medita, diz-lhe: — aqui estou eu!

E este o compara com o presente e recua de involuntário terror:

Porque o cadáver que se alevanta do pó é formoso e santo, e o presente que vive e passa e sorri é horrendo e maldito.

E o poeta atira-se chorando ao seio do cadáver e responde-lhe: — esconde-me tu!

É lá que esta alma, árida como a urze, sente, quando aí se abriga, refrescá-la um como orvalho do céu.

VI

SAUDADE

Cristo! — dá-me o perdão, dá-me remédio;
Que entre tão vário mal fraqueia a mente!

EUGÉNIO TOLEDANO: *Opúsculos* — XI

Na Ilha Verde.
Ao pôr do Sol das calendas *de Abril da era de 749.*

1

O mar estava tranquilo, e o ar puro e diáfano. As costas de África fronteiras, lá na extremidade do horizonte, pareciam uma orla escura bordada no manto azul do firmamento.

A aragem do norte encrespava suavemente a superfície das águas; as ondas vinham espraiar-se preguiçosas no areal da baía.

O barqueiro Ranimiro dormia na sua barca amarrada na foz do Palmónio. Uma saudade indizível atraía-me para o mar.

Saltei na barca; o ruído que fiz despertou Ranimiro.

— Ao largo — disse-lhe eu. Empunhou os remos, e partimos.

— Para onde, presbítero? — perguntou o barqueiro, depois de vogar alguns momentos em silêncio.

— Quero respirar o ar puro e fresco da tarde; mais nada — repliquei. — Leva-me para onde te aprouver.

— Se vos parece — tornou Ranimiro —, rodearemos a Ilha Verde[9], entraremos no canal, e saltareis na margem. Pelo tempo

55

que vai, ela estará agora esmaltada de verdura e boninas.

Calei-me: o barqueiro tomou por aprovação o meu silêncio. Voltando a proa para poente, corremos ao largo da ilha e, rodeando a sua margem ocidental, abicámos em terra pelo lado da enseada que a separa do continente.

Ranimiro não se enganara: como uma tapeçaria riquíssima lançada ao som das águas, a superfície da ilha agitava-se trémula com a aragem da terra, que curvava brandamente as flores e as folhinhas lanceoladas da relva.

Assentado à sombra de uma rocha que formava um promonto-riozinho do lado do sul, lancei os olhos em volta até onde se descobria o horizonte. Lá, no extremo do Estreito para a banda do mar interior, viam-se na ponta da África os cimos das torres de Septum fronteira aos cerros escalvados do Calpe. De Septum para o ocidente as costas africanas contrastavam nas suas ondulações suaves com a penedia áspera das ribas hispânicas, e, confrangido entre os dois continentes, o mar balouçava-se resplandecente com os raios já inclinados do Sol.

De roda de mim a atmosfera estava impregnada de um hálito perfumado: era a natureza que sorria afagada pela Primavera. As aves aquáticas redemoinhavam nos ares ou pousavam sobre as águas, e pareciam, nos seus voos incertos, ora vagarosos, ora rápidos, folgarem com os primeiros dias da estação dos amores.

Uma melancolia suave se me erguia lentamente no coração, debaixo daquele céu puro, naquela atmosfera balsâmica, ante aqueles horizontes saudosos. As lágrimas rebentaram-me involuntariamente dos olhos.

Era feliz neste momento, porque repousava de amarguras. Olhei para a barca: Ranimiro adormecera de novo à proa. Repousavam bem perto um do outro a matéria e o espírito.

Bem-aventurado, pensei eu comigo, aquele em quem os afagos de uma tarde serena de Primavera no silêncio da solidão produzem o torpor dos membros; porque nessa alma dormem profundamente as dores no meio do ruído da vida!

E este pensamento trouxe-me pouco e pouco à memória as tempestades do passado. Ai de mim! Logo se me enxugaram as lágrimas, porque eram de consolação, e essa lembrança as estancou!

Porque não adormeço eu, como o rude barqueiro, ao murmúrio das vagas sonolentas, ao sussurro da brisa do norte?

Porque mulher bárbara não entendeu o que valia o amor de Eurico; porque velho orgulhoso e avaro sabia mais um nome de avós do que eu, e porque nos seus cofres havia mais alguns punhados de ouro do que nos meus.

As mãos imbeles de uma donzela e de um velho esmagaram e despedaçaram o coração de um homem, como os caçadores covardes assassinam no fojo o leão indomável e generoso.

E, todavia, este coração sentia a voz da consciência pregoar-lhe largos destinos! Porque não emudeceu essa voz quando do pórtico do templo lancei ao mundo a maldição da despedida?

Porque me lembra com saudade, aqui, a estas horas, o tempo das minhas esperanças?

É porque o viver é o ecúleo do espírito: a alma estorce-se como agonizante no meio dos mais incomportáveis tormentos, sem nunca poder expirar, e os seus afectos profundos são com ela; não lhes é dado o morrer.

Paz e esquecimento, oh meu Deus!

3

Os raios derradeiros do Sol desapareceram: o clarão avermelhado da tarde vai quase vencido pelo grande vulto da noite, que se alevanta do lado de Septum. Nesse chão tenebroso do oriente a tua imagem serena e luminosa surge a meus olhos, oh Hermengarda, semelhante à aparição do anjo da esperança nas trevas do condenado.

E essa imagem é pura e sorri; orna-lhe a fronte a coroa das virgens; sobe-lhe ao rosto a vermelhidão do pudor; o amículo alvíssimo[10] da inocência, flutuando-lhe em volta dos membros, esconde-lhe as formas divinas, fazendo-as, porventura, suspeitar menos belas que a realidade.

É assim que eu te vejo em meus sonhos de noites de atroz saudade: mas, em sonhos ou desenhada no vapor do crepúsculo, tu não és para mim mais do que uma imagem celestial; uma recordação indecifrável; um consolo e ao mesmo tempo um martírio.

Não eras tu emanação e reflexo do céu? Porque não ousaste, pois, volver os olhos para o fundo abismo do meu amor? Verias que esse amor do poeta é maior que o de nenhum homem; porque é imenso, como o ideal, que ele compreende; eterno, como o seu nome, que nunca perece.

Hermengarda, Hermengarda, eu amava-te muito! Adorava-te só no santuário do meu coração, enquanto precisava de ajoelhar ante os altares para orar ao Senhor. Qual era o melhor dos dois templos?

Foi depois que o teu desabou, que eu me acolhi ao outro para sempre.

Porque vens, pois, pedir-me adorações quando entre mim e ti está a cruz ensanguentada do Calvário; quando a mão inexorável do sacerdócio soldou a cadeia da minha vida às lájeas frias da igreja; quando o primeiro passo além do limiar desta será a perdição eterna?

Mas, ai de mim!, essa imagem que parece sorrir-me nas solidões do espaço está estampada unicamente na minha alma e reflecte-se no céu do oriente através destes olhos perturbados pela febre da loucura, que lhes queimou as lágrimas.

Tu, Hermengarda, recordares-te?! Mentira!... Crês que morri, ou porventura, nem isso crês; porque para creres era preciso lembrares-te, e nem uma só vez te lembrarás de mim!

Lá, no tumulto dos cortesãos, onde o amor é cálculo ou sentimento grosseiro, terás achado quem te chame sua, quem te aperte entre os braços, quem tivesse para dar a teu pai o preço do teu corpo e te comprasse como alfaia preciosa para serviço doméstico. O velho estará contente, porque trocou sua filha por ouro.

A isto chama prudência o mundo estúpido e ambicioso; a isto, que não é mais do que uma prostituição abençoada sacrilegamente perante as aras sacrossantas.

Oh, quantas vezes esse pensamento repugnante me tem feito vaguear louco pelas montanhas, uivando como o lobo esfaimado e tentando despedaçar os rochedos com as mãos, donde me goteja o sangue!

E tu folgas e ris! Oxalá nunca saibas quão intenso e atroz é o meu tormento, que devo velar diante dos homens debaixo de aspecto tranquilo, como se, em vez de martírio, ele fosse um abominável crime.

4

E quem te disse, presbítero, que o teu amor não era um crime? Tens razão, consciência! Quando aos pés do venerável Siseberto o gardingo Eurico jurou que abandonava o mundo, devia despir as paixões que do mundo trouxera.

A luz brilhante de afeições e esperanças a que vivia e que me povoava o coração de felicidade devia apagar-se então, como a lâmpada do templo ao amanhecer; porque eu voltava-me para o céu, buscando a luz do Senhor.

Mas o sol, apenas nasceu para mim, logo desapareceu no ocaso, e os que me crêem alumiado mal pensam que vivo em trevas!

As minhas paixões não podiam morrer, porque eram imensas, e o que é imenso é eterno.

E assim, nem ouso pedir a paz do sepulcro; porque para mim não haveria paz, senão no aniquilamento.

O aniquilamento! Que mal te fiz eu, oh meu Deus, para não me deixares cá dentro mais que uma ideia risonha, mais que um desejo capaz de encher o abismo da minha desventura? Que mal te fiz eu para que esse desejo, essa ideia seja a que unicamente resta ao precito que se revolve em perpétuas angústias?

Mas para mim, como para ele, tal pensamento é vão e mentido! Eternidade, eternidade, a alma do homem está encerrada e cativa no ilimitado do teu império!

VII

A VISÃO

No espelho da visão está a segurança da verdade.

Código Visigótico. I, 1-2

Presbitério. Antemanhã.
Oito dos idos de Abril da era de 749.

1

O sono ou a vigília, que me importa esta ou aquele? As horas da minha vida são quase todas dolorosas; porque a imaginação do homem não pode dormir.

Para o povo, ignorante e impiamente crédulo, a noite é cheia de terrores; em cada folha que range na selva ele ouve um gemido de alma que vagueia na terra; em cada sombra de árvore solitária que se balouça com a aragem sente o mover de um fantasma; as exalações dos brejos são para ele luz de demónios, alumiando folgares de feiticeiras.

Mas, quando jaz no leito do repouso, o seu dormir é tranquilo. Ao cruzar os umbrais domésticos esses terrores sumiram-se com os objectos que os geraram. A sua alma parece despir-se da fantasia grosseira, como o corpo se despe da estringe áspera que lhe resguarda os membros.

Não assim eu. Quando as pálpebras cerrando-se me escondem o mundo das realidades, os olhos do espírito volvem-se para o mundo das existências ideais. Às vezes, a felicidade e a esperança vêm consolar-me então; muitas mais, porém, os sonhos maus me perseguem; e por bem alto preço me saem os instantes de ventura transitória trazidos por visões consoladoras.

Esta foi para mim uma noite cruel. Ainda o suor frio que me corria da fronte se não secou; ainda o coração parece mal caber no peito, e o pulso bate desordenado e violento.

Terribilíssimos foram os sonhos que Deus mandou ao presbítero; mas, porventura, mais terrível é a sua significação.

Diz-me voz íntima que esse doloroso espectáculo a que assistiu a minha alma é, oh Espanha, o mistério dos teus destinos.

E esta foi a visão:

2

Eram as horas das trevas profundas. Sem saber como, achava--me no viso mais alto do Calpe: traspassava-me a medula dos ossos o vento frio da noite, e parecia-me que os membros hirtos se me haviam pregado no topo da penedia.

Olhava fito ante mim, e os meus olhos rompiam a escuridão do horizonte, como se a luz do Sol o iluminasse.

O espectáculo maravilhoso que se passava nesse espaço insondável fazia-me eriçar os cabelos, que o norte me açoutava com o sopro gelado.

Eis o que eu vi nessa hora de agonia, depois de estar ali alguns não sei se instantes ou séculos.

O mar cessou de agitar-se e rugir, semelhante ao metal fervente destinado para a feitura de estátua colossal que resfriasse de súbito em vasta caldeira.

Era horribilíssimo ver convertido em cadáver, de todo imóvel e mudo, o oceano; aquele oceano que há mais de quarenta séculos nem um só dia deixou de revolver-se e bramir em torno dos continentes, como o tigre ao redor da rês que jaz morta.

O sibilar das rajadas também cessou completamente. Parado sobre a face da terra, o ar era semelhante ao lençol do finado a quem recalcaram a gleba que o cobre, frio, húmido, pesado, sem ranger, sem movimento, cosido sobre o peito, onde acabou o bater do coração e o arfar compassado dos pulmões.

Então, muito ao longe, uma vermelhidão tenuíssima foi avultando pouco a pouco, derramando-se pelo horizonte e repintando a abóbada imensa dos céus.

Depois, esse clarão sinistro reverberou na terra: as cimas agudas, dentadas, tortuosas, alvacentas das fragas marinhas tinham-se abatido e livelado, como os cerros informes de neve amontoada, que, derretidos nos primeiros dias de Estio, vão, despenhando-se, formar um lago chão e morto na caldeira mais funda de vale fechado.

Tudo a meus pés era um plano uniforme, ermo, afogueado, como a atmosfera que pesava em cima dele: e, além, jazia o cadáver do mar.

Eu, o Silêncio e a Solidão éramos quem estava aí.

3

Subitamente, naquele vasto horizonte, até então puro na sua luz horrenda, dois castelos de nuvens cerradas e negras começaram a alevantar-se, um da banda da Europa, outro do lado de África.

Os bulcões conglobados corriam um para o outro e multiplicavam-se, vomitando novos castelos de nuvens, que se difundiam, flutuando enoveladas com formas incertas.

E aquelas montanhas vaporosas e negras rasgaram-se de alto a baixo em fendas semelhantes a algares profundos, e os seus fragmentos informes e cambiantes vacilavam trémulos em ascensão diagonal para as alturas do céu.

Ao aproximarem-se, os dois exércitos de nuvens prolongaram-se em frente um do outro e toparam em cheio. Era uma verdadeira batalha.

Como duas vagas encontradas, no meio de grande procela, que, tombando uma sobre a outra, se quebram em cachões que espadanam lençóis de escuma para ambos os lados, antes que a menos violenta se incorpore na mais possante, assim aquelas nuvens tenebrosas se despedaçavam, derramando-se pela imensidão da abóbada afogueada.

Então, pareceu-me ouvir muito ao longe um choro sentido misturado com gritos agudos, como os do que morre violentamente, e um tinir de ferro, como o de milhares de espadas, batendo nas cimeiras de milhares de elmos.

Mas este ruído foi-se alongando e cessou: os bulcões alevantados da banda de África tinham embebido em si os que subiam da Europa, e desciam rapidamente para o lado dos campos góticos[11].

Depois, senti lá em baixo, na raiz da montanha, um rir diabólico. Olhei: o Calpe esboroava-se ao redor de mim, e os rochedos sobre que eu estava assentado vacilavam nos seus fundamentos.

Despertei. Tinha os cabelos hirtos, e o suor frio manava-me da fronte aquecida por febre ardente.

Senhor, Senhor! foste tu que deste a ler à minha alma a última página do livro eterno em que a Providência escreveu a história do Império Godo?

Contam-se cousas incríveis desses povos que assolam a África, chamados os Árabes, e que, em nome de uma crença nova, pretendem apagar na terra os vestígios da Cruz. Quem sabe se aos Árabes foi confiado o castigo desta nação corrupta?

Já as nossas praias foram visitadas por eles, e para os repelir cumpria que desembainhasse a espada o ilustre Teodemiro, o último guerreiro, talvez, que mereça o nome de neto dos Godos.

Terra em que nasci, se o teu dia de morrer é chegado, eu morrerei contigo. Na procela que se alevanta de África deixarei submergir o meu débil esquife, sem que a esses gemidos que ouvi se vão ajuntar os meus. Que me importa a vida ou a morte, se o padecer é eterno?

VIII

O DESEMBARQUE

E eu estava em um ângulo, observando com temor.

PAULO DIÁCONO: *Vidas dos Padres Emeritenses.*

DO PRESBÍTERO DE CARTEIA AO DUQUE DE CÓRDOVA

Ao Duque Teodemiro, saúde!

Quando Vitiza reinava, na corte esplêndida de Toletum, havia
dois tiufados que a todos serviam de exemplo de íntima e sincera
amizade. Opiniões e intentos, alegrias e tristezas eram comuns
para ambos. Chamava-se Teodemiro o mais velho, Eurico o mais
moço. Nas suas esperanças de mancebos, as Espanhas foram-lhes,
muitas vezes, acanhado teatro para ilusões de ambição. A glória
era o seu perpétuo sonho, e as recordações das façanhas dos antigos godos embriagavam-lhes os ânimos ao lembrarem-se de que
as armas dos seus avós da Germânia tinham brilhado vitoriosas
sempre sobre os membros despedaçados do Império Romano.
Quando o grito da rebelião soou na Cantábria, as tiufadias dos
dois mais irmãos que amigos acompanhavam Vitiza na expedição
contra os montanheses rebeldes e contra os Francos seus aliados.
Então, nessa guerra de extermínio, os dois mancebos viram
saciada a sua sede de renome. Como os maciços de neve que se
despenham das montanhas escarpadas da Vascónia, as duas tiufadias de Teodemiro e de Eurico apareciam, às vezes, subitamente,
nos visos das serras e, apenas os primeiros raios do Sol faziam
reluzir as armas, semelhantes no brilho trémulo ao alvejar da

geada, ei-las que pareciam rolar-se pela encosta, e dentro de pouco os acampamentos dos francos e cântabros ficavam esmagados debaixo do ímpeto irresistível dessas pinhas de soldados que eram arremessados sobre o inimigo por duas vontades émulas de glória. Expulsos os estrangeiros e submetidos os rebelados, a hoste real entrou vitoriosa em Tárraco. O duque Fávila recebeu em triunfo os pacificadores de Cantábria, e Teodemiro e Eurico obtiveram a recompensa do que combateu pela pátria, a gratidão dos seus naturais.

Foi aí que o destino preparou a separação dos dois guerreiros que parecia só a morte poder dividir. Fávila tinha dois filhos, Hermengarda e Pelágio. Pelágio saía apenas da infância, mas para Hermengarda despontavam já então os risonhos dias da juventude. A sua formosura era celestial: Eurico viu-a e amou-a. Quando as tiufadias foram chamadas a Toletum, Eurico voltou triste à terra da sua infância. Dir-se-ia que eram os contentamentos da pátria que ele trocava pelas tristezas do desterro. Debalde buscou Teodemiro apagar aquela paixão violenta no coração do seu amigo, lançando-se com ele nas festas ruidosas de uma corte dissoluta. A embriaguez dos banquetes era para Eurico tristonha; as carícias feminis, facilmente compradas e profundamente mentidas, atrás das quais correra loucamente outrora, tinham-se-lhe tornado odiosas; porque o amor, com toda a sua virgindade sublime, lhe convertera em podridão asquerosa os deleites grosseiros que o mundo oferece à sensualidade do homem. Teodemiro acreditara na eficácia da bruteza para matar o mais formoso dos afectos humanos; mas o amor devorou na mente de Eurico todos os outros sentimentos, como a lava candente devora tudo o que encontra, quando o vulcão a vomita, alagando a superfície da Terra.

Fávila veio à corte: Hermengarda acompanhava-o. Teodemiro recordar-se-á ainda de qual foi o desfecho do amor de Eurico, que ousou dizer ao velho prócer:

«Dá-me por mulher tua filha.» A amizade de Teodemiro salvou então o desprezado gardingo da morte do corpo, mas não pôde salvá-lo da morte da alma. Razões, rogos, lágrimas; quanto a eloquência de afeição mais que fraterna tem de veemência; quantas cordas do coração sabe fazer vibrar a mão de um amigo, tudo ele tentou debalde! Não há palavras que possam erguer um espírito que deu em terra; mão nenhuma tira sons de cordas que estalaram. Eurico ou, antes, a sua sombra, fugiu do lado de Teodemiro, e da porta do santuário disse-lhe um adeus eterno, como ao resto do mundo.

Mal sabia o desgraçado que nesse adeus a sua consciência mentia a si própria! Teodemiro, tu hoje és duque de Córdova: entre os povos sujeitos ao teu império; entre os que abençoam a tua justiça e bondade, num ângulo da vasta província da Bética, em Carteia, vive um pobre presbítero que para ti pede ao Senhor tanto o renome e o poderio quanto para si deseja a obscuridade e o esquecimento. Este presbítero é quem te escreve; quem limitou a bem poucos anos a eternidade do adeus que te dissera; é aquele que se chamava no mundo o gardingo Eurico, aquele de quem foste amigo, e que foi teu rival de glória.

Duque de Córdova, não creias que o meu espírito se volte hoje para as misérias da terra, impelido por uma tardia saudade. Não! De que me serviriam o ouro, o poder e a grandeza? Para tomar um punhado desse lodo não se curvaria o presbítero. O único afecto eterno que, talvez, resta a este coração depurado pelo fogo da desdita, o amor da pátria, sentimento confuso e indefinido, mas indelével, é quem obriga Eurico a dizer-te o lugar em que veio coar gota a gota as horas aborridas da sua tormentosa existência.

Teodemiro! Teodemiro! Um dia tremendo se aproxima, em que a Espanha deve ser o túmulo da raça goda. Em sonhos antevi esse dia, e, após os sonhos, a medonha realidade aí se me alevanta diante dos olhos. Carteia está deserta, como as demais povoações vizinhas. Apenas eu ouso demorar-me nas imediações do Calpe; porque sci, passo a passo, todas as veredas que guiam ao topo dos desfiladeiros, tendo-as regado muitas vezes com lágrimas, tendo-lhes muitas mais confiado a história das minhas agonias. As cidades despovoam-se, e, como elas, os campos convertem-se em ermos. Embora ainda sorriam no vicejar das searas, no florescer dos pomares, no murmurar das fontes: semelhante sorrir consterna; porque o homem desapareceu do meio desta cena formosa, e o ruído da vida converteu-se em silêncio de morte. «Os árabes!», eis o único grito que o interrompe; e esta palavra maldita é como a peste quando passa: seguem-na o susto e o desacordo. A vileza do coração humano surge após ela em toda a hediondez do seu aspecto. O terror acabou com os mais santos afectos e, até, com o amor filial e paterno. Cada qual busca salvar-se a si próprios. Os netos dos nobres Godos converteram-se num bando desprezível de covardes egoístas.

Há três dias, ao romper da manhã, um grande número de velas branquejavam sobre as águas do Estreito: vinham do lado de Septum. Corremos à praia. Dentro de poucas horas entraram na baía de Carteia, e algumas entestaram com a Ilha Verde. Via-se distintamente o reluzir das armas, e vários soldados que tinham ajudado a repelir os primeiros saltos dos africanos nas costas de Espanha reconheceram logo os trajos e as armas dos árabes. Entre estes, porém, divisavam-se muitos godos, pelas armaduras pesadas, pelos largos ferros dos franquisques e pelas estringes mais curtas que as amplas vestiduras dos filhos do Oriente. Daí a pouco, toda a frota velejou para o lado do Calpe, e, quando anoiteceu, as faldas da montanha apareceram alumiadas por muitos fachos. Os árabes tinham desembarcado.

A ansiedade era indizível. Demudadas as faces, olhávamos uns para os outros. Eles tremiam por si; eu pela sorte da Espanha. Mas porque entre esses que pareciam inimigos se achava tão avultado número de godos? Esta pergunta significava a nossa derradeira esperança.

Ao entenebrecer, alguns barqueiros saíram ao largo e, vogando surdamente, foram espiar a frota. Tomando os atalhos mais curtos, eu encaminhei-me sozinho para o Calpe, cujo vulto gigante, rodeado de fachos ao sopé, negrejava no topo sobre o fundo alvacento do céu limpo de nuvens, onde a Lua passava tranquila, embargando com o seu clarão pálido o cintilar das estrelas.

Era alta noite quando cheguei à montanha. Subindo pelas quebradas, salvando precipícios, cosendo-me com as fragas tortuosas, descendo pelos leitos das torrentes, cheguei a um rochedo contíguo à planície que das raízes da serrania vai morrer no rolo do mar, na costa oriental da baía. Era aí que os árabes, desamparando a frota, se haviam acampado. Comprimindo o alento, aproximei-me insensivelmente de uma tenda mais vasta, alevantada junto do penhasco a que eu chegara sem ser percebido. Por uma fenda que deixavam as telas mal unidas do pavilhão, descortinei o que se passava no interior à luz das tochas que tinham nas mãos dois etíopes, cujos rostos negros contrastavam com a brancura das suas roupas. Assentado no chão, com os braços cruzados, um árabe mancebo parecia escutar atentamente um guerreiro godo que, em pé no meio de outros dois, tinha as costas voltadas para mim. Com espanto e ao mesmo tempo com alegria, percebi que se exprimia em romano rústico, o qual, daí a pouco, vi que o moço árabe falava como se fosse a própria linguagem. Comecei então a escutar atentamente.

— Táriq — dizia o godo —, amanhã ao romper de alva é necessário que todos estes penhascos empinados sobre nossas cabeças se coroem dos teus soldados e que não tardes em fortificar essa estreita passagem que une o promontório do Calpe com o resto do continente. É aqui, nesta serra inacessível, que deves esperar o resto dos libertadores da Espanha; é daqui que deves sair com os teus irmãos do deserto para quebrar o ceptro do tirano Roderico. Se a sorte das armas nos for contrária, esperaremos neste lugar novos socorros de África. Septum nos fica fronteiro, e Septum entreguei-to eu...

Táriq não o deixou continuar. Como o leão, pulando subitamente dos juncais da Mauritânia, o moço árabe pôs-se em pé, com o gesto colérico, e exclamou:

— Váli dos cristãos! quem te fez crer que Táriq podia ser vencido? Vi em sonhos o profeta de Deus, que me disse: «a Espanha curvar-se-á ao Corão», e Mohammed não mente! Ainda sem ti, eu me teria arrojado sobre o Império Godo, e a minha lança o faria cair a meus pés moribundo, quando Sebta me tivesse fechado as portas; quando todos vós os godos estivésseis unidos contra mim. Deus é grande, e Mohammed o seu profeta!

As palavras violentas do árabe revelaram-me quem era o guerreiro godo. Juliano capitaneou, como nós, uma tiufadia na guerra cantábrica e foi valente soldado. Sabia que ele fora elevado à dignidade de conde de Septum, e que aí se cobrira de glória, repelindo os inimigos do império que já tinham tentado conquistar aquela província. Como e porque atraiçoou a terra natal? Ódios civis o levaram a tanta infâmia, segundo entendi das suas palavras. Parricida e fratricida a um tempo, busca vingar-se, talvez de bem poucos de seus irmãos, esmagando-os debaixo das ruínas da pátria. A memória deste mal-aventurado será réproba e maldita das gerações remotas!

Juliano parecia querer responder ao mancebo, quando um soldado entrou com um rolo de pergaminho na mão e, entregando-o a Táriq, proferiu algumas palavras em árabe. Táriq olhou então para Juliano com um sorriso e, estendendo-lhe a dextra, disse-lhe em voz baixa:

— Váli de Sebta![12] perdoa-me este ímpeto, como me tens perdoado tantos outros. Bem sei que não podes compreender o que é a fé viva de um muçulmano na protecção de Deus: mas eu seria réu do inferno, se duvidasse um instante das promessas do profeta. O judeu Zabulão acaba de chegar com essa carta do que vós chamais bispo de Hispalis. Lê-a e dize-me que novas há de Roderico.

Juliano desdeu o nó da carta e leu. Batia-me o coração de furor; mas procurei tranquilizar-me. Importava-me assaz conhecer o que ela continha para dever prestar toda a atenção possível às palavras do conde Juliano.

— Roderico — disse este, acabando de correr com os olhos o rolo de pergaminho —, entregue aos banquetes e festas, não acredita que o dia da vingança amanhecesse para a Espanha; todavia, logo que a notícia indubitável da nossa vinda retumbar sob os tectos dourados dos paços de Toletuím, ele convocará os seus numerosos soldados, as suas tiufadias veteranas, e arremessar-se-á contra nós; porque Roderico é dissoluto e perverso, mas nunca foi covarde. O prudente Opas pensa, como eu, que importa fortificar-nos no Calpe. Aconselha-o a ciência da guerra, e, se, como crente, confias no teu profeta para contar com a vitória, como capitão deves seguir os conselhos da prudência humana. Também eu espero no deus das batalhas — prosseguiu o conde em tom de mofa, batendo no punho da espada —; também eu tenho a minha providência; mas a águia, quando se arroja sobre a preia, tem já construído o seu ninho no penhasco da montanha, e as penedias do Calpe devem ser o ninho das águias que pairam sobre o trono de Roderico.

Táriq ficou por alguns momentos calado e pensativo:

— Seja como te aprouver — disse por fim. — Busca no exército os melhores artífices árabes e com eles e com os teus godos alevanta esses valos em que põe sua confiança o teu coração descrido.

— Houve um tempo em que não o foi — replicou Juliano com o acento da cólera misturada de indignação e tristeza —, mas Vitiza dorme debaixo duma lousa o sono da eternidade, e o seu assassino chama-se o rei dos Godos. Ele folga e ri assentado no trono que lhe deu a traição e o perjúrio. Táriq, o teu profeta inspira-te em sonhos; mas a vingança é mais segura inspiração, porque é o sonho perene do homem desperto, quando vê assim falhar a justiça do céu, se é que nele há justiça.

Proferindo estas palavras blasfemas, Juliano saiu da tenda. Táriq bateu as palmas, e um guerreiro etíope, cujos olhos lhe reluziam sanguíneos na pretidão do rosto, entrou com os braços cruzados e ficou imóvel e curvado diante de Táriq. Pareceu-me que este lhe ordenava o que quer que fosse; mas falava na sua linguagem bárbara, e não o pude entender.

Sabia assaz qual era a situação e quais os acidentes do solo de todos os desvios do Calpe para perceber que a minha demora naqueles sítios podia tornar-me impossível a saída. A defensa do promontório consistia unicamente em cortar com valos e cavas o istmo que o liga ao continente. Juliano começaria, talvez, a alevantar as tranqueiras nessa mesma noite; era, portanto, necessário partir.

Quando atravessei a serra pelos trilhos mais curtos e escusos, conheci que o meu receio fora bem fundado. Parando no topo de uma penedia, donde se divisava ao redor quase toda a montanha, vi centenares de fachos que vacilavam, correndo tortuosamente pelas ladeiras, sumindo-se, tornando a aparecer, retrocedendo. O todo daquela iluminação terrível estendia-se em volta da montanha, formando uma extensa meia-lua, cujas pontas cresciam para o istmo, ao passo que se aproximavam uma da outra, estreitando o cume da serrania. Era visível que alguém, prático nas apertadas gargantas, nas sendas intrincadas do promontório, guiava os bárbaros. Convinha fugir, não porque me importasse morrer, mas porque, talvez, a Providência me guiara à tenda de Táriq para que as Espanhas fossem salvas, se é que ela não escreveu irrevogavelmente a sua condenação no livro dos eternos desígnios.

Teodemiro, vê que a traição, semelhante ao veneno recentemente bebido, que gira nas veias e ainda não aparece no aspecto, está por toda a parte e, até, penetra no santuário. É necessário esforço e vigilância, já que as dissensões civis quiseram que os golpes do franquisque godo[13] hajam de se vibrar sobre a fronte de godos que combatem ao lado do estrangeiro infiel; já que a perfídia pode abrir as portas das nossas cidades aos africanos, sem que estes tenham de passar por cima dos cadáveres de seus irmãos, para se assenhorearem delas. Cumpre que avises Roderico. Em Híspalis está Opas, e Opas tem consigo numerosos clientes, que, porventura, entregarão aos invasores a mais formosa e opulenta entre as povoações da Bética. Não tardará que os árabes desçam do Calpe e se derramem pelas províncias de Espanha. Há dois dias que vagueio, quase só, nas imediações de Carteia: durante eles não se passou uma hora sem que os navios de África viessem vomitar na baía novos esquadrões de soldados. Semelhante aos estos do mar, é rápido o seu ir e voltar. Dentro de oito dias, bem custoso seria resistir a Táriq com todo o poder do império, quanto mais divididos os Godos em dois bandos, um dos quais pelejará ao lado dos inimigos.

Dir-to-ei, duque de Córdova: também eu não amo Roderico; porque a memória de Vitiza nunca morrerá no coração do seu antigo gardingo. Sei por quais meios Roderico subiu ao trono, que não obteria pela eleição dos Godos. Mas não é a sua coroa que os filhos das Espanhas têm hoje que defender; é a liberdade da pátria; é a nossa crença; é o cemitério em que jazem os ossos dos nossos pais; é o templo e a Cruz, o lar doméstico, os filhos e as mulheres, os campos que nos sustentam e as árvores que nós plantámos. Para mim, de todos estes incentivos, apenas restam dois: o amor da terra natal e a crença do Evangelho. No dia do combate, Eurico despirá a estringe inocente do sacerdócio e vestirá as armas para defender estes objectos queridos dos seus derradeiros afectos. Que, também, esses que ainda se enlaçam às ilusões e esperanças, como a hera às ruínas, se ergam para pelejarem batalhas tremendas, porque o serão, por certo, as que nos aguardam; e oxalá que os meus tristes sonhos sejam desmentidos pelo esforço dos guerreiros godos; oxalá que não esteja para bater a derradeira hora do domínio da Cruz nesta terra do Ocidente regada pelo sangue de tantos mártires!

De Melária, aonde me acolhi com grande número dos moradores de Carteia e dos seus arredores, continuarei as minhas correrias nocturnas para as bandas do Calpe, com os homens mais ousados que quiserem acompanhar-me, até que os árabes desçam da sua guarida, e seja inútil vigiá-los; até que chegue o dia em que os desgraçados, como eu, achem na morte honrada das pelejas o repouso das amarguras da vida, se é que além do morrer há o repouso do espírito.

DO DUQUE DE CÓRDOVA AO PRESBÍTERO DE CARTEIA

Ao Gardingo Eurico, saúde!

Vives ainda Eurico! Perto de Córdova, onde existia o seu antigo irmão de armas, o herói da guerra cantábrica nunca teve um impulso de afecto que o levasse a revelar o mistério do seu retiro, em que enviasse uma palavra de consolação para a saudade fraterna. Acusas de egoísmo e fereza os filhos da Espanha, e caíste na mesma culpa: foste egoísta e cruel. Não podias crer, por certo, que eu me houvesse esquecido de ti: larga experiência te ensinou que as minhas afeições são duradouras e profundas. Mas aquele que te amou tanto; aquele que poria a vida para salvar a tua; que nunca teve contentamento ou mágoa que fosse para ti segredo, trataste-o com o mesmo desprezo com que, no teu nobre orgulho de desgraçado, trataste o resto do mundo; e do limiar do templo disseste-lhe, talvez, o mesmo adeus de ódio e despeito que disseste ao resto do género humano.

É nos dias em que se abre para a pátria uma longa carreira de desventuras, que tu surges, gardingo, como a lembrança querida dos formosos dias da nossa mocidade; é na véspera de uma luta em que se vai resolver se há-de ser livre ou serva a terra dos Godos; em que mil cogitações tristemente solenes me assaltam o espírito e me obrigam a não me afastar de Córdova, onde incessantemente trabalho por ajuntar os valentes companheiros de nossas glórias de outrora; é quando a voz do dever me tem como cativo, que dum ângulo da Bética me dizes: «Eu vivo!» Embora! Já que não me é dado buscar-te, serás tu que virás lançar-te nos braços do teu amigo.

Sim, gardingo! Hoje que o império é abalado nos seus fundamentos; que os pagãos de África ameaçam derribar a cruz erguida
no cimo das nossas catedrais; hoje, tu despirás a estringe sacerdotal e cingirás de novo a deposta e esquecida espada. Em Córdova,
onde se ajuntam já as tiufadias da Bética, Eurico achará bom
número dos seus antigos guerreiros, e os mais ousados mancebos,
que ora encetam a vida dos combates em defesa da pátria e da fé,
aceitarão com júbilo para seu capitão o homem que deixou um
nome que não morrerá enquanto durar a memória do desbarato
dos vascónios e francos. Na ebriedade da glória que te espera,
porventura, achará o teu pobre coração, despedaçado pelas paixões que aí passaram, o alívio e conforto que vejo teres buscado
debalde nos braços de uma piedade austera, de uma vida de
humildade e abnegação. Esta glória será tanto maior, quanto é
certo que nunca o Império Godo se viu tão perto da sua última
ruína, e que nunca foram postos a tão dura prova o esforço e a
lealdade dos seus filhos.

As novas que me dás da traição do bispo de Híspalis são assaz
graves; mas são necessárias a circunspecção e a prudência. Os teus
ouvidos podem ter-te enganado. Se essa trama horrível existisse,
estender-se-ia por toda a Espanha. Sabes que Opas é tio dos
moços Sisebuto e Ebas, cujas pretensões à coroa são conhecidas,
pretensões que os benefícios de Roderico ainda, por certo, lhes
não fizeram esquecer. Diz-se que o rei dos Godos lhes confiará o
mando de uma das alas do exército com que se encaminha à
Bética. Este procedimento generoso obstaria a que rebentasse a
conjuração. Não se trata agora de satisfazer ódios de parcialidades
civis: trata-se de salvar o império. Fora mais que infâmia; não tem
nome imolar a Espanha no altar de ambiciosa vingança. Não.
Embora estejamos corruptos: o exemplo do conde de Septum não
será entre nós seguido.

Vem, Eurico, para que reverdeçam os louros da tua glória.
Ouves a voz da pátria? É ela que te brada: «Vem combater por
salvar-me, tu, o mais valente dos meus filhos!»

Eurico a Teodemiro, saúde!

Não alcançaste, duque de Córdova, quão fundo é o abismo cavado neste coração pela desventura. Não me queixo de ti; porque nem a ti, nem a ninguém é dado concebê-lo. Medes o meu espírito pelos afectos humanos; mas é porque não sabes como ele saiu depurado do crisol de padecer infernal.

Glória! Que me importa a mim a glória? Que posso fazer dessa riqueza, inútil como as outras riquezas?

Examina bem a consciência, e dize-me qual é para os corações puros e nobres o motivo imenso, irresistível das ambições de poder, de opulência, de renome? É um só — a mulher: é esse o termo final de todos os nossos sonhos, de todas as nossas esperanças, de todos os nossos desejos. Para o que encontrou na terra aquela que deve amar para sempre, aquela que é a realidade do tipo ideal que desde o berço trouxe estampado na alma, a mira das mais exaltadas paixões é a auréola celestial que cinge a fronte da virgem, ídolo das suas adorações. Para o que anda, por assim dizer, perdido nas solidões do mundo, porque ainda não descobriu a estrela polar da sua existência, o astro que há-de iluminar-lhe a noite do coração, como o Sol com os seus primeiros raios ilumina as trevas de um templo, para esse a mulher é uma ideia vaga e confusa, mas formosa e querida. Não a conhece, não sabe onde esteja a imagem visível da filha da sua imaginação, e, todavia, é para lhe pôr aos pés glória, poderio, riqueza, que ele cobiça tudo isso. Tirai do mundo a mulher, e a ambição desaparecerá de todas as almas generosas.

Realidade ou desejo incerto, o amor é o elemento primitivo da actividade interior; é a causa, o fim e o resumo de todos os afectos humanos.

Teodemiro, eu amei como ninguém, talvez, ainda amara. Este amor foi desprezado e ludibriado, e, depois, comprimido pelo desprezo e pelo ludíbrio no fundo do coração do teu pobre amigo. Sabes o que faz um amor imenso assim recalcado? Devora e consome o futuro e entenebrece para sempre o horizonte da vida. Nada há, depois disso, que possa restaurar o que ele tragou: nada

74

que possa rasgar as trevas que ele estendeu. No mesmo sepulcro não há porvir de esperança, nem, porventura, luz de consolação; porque ao passamento do corpo precedeu a morte do espírito.

Não, eu não quero a glória inútil e ininteligível hoje para mim. Não, eu não quero o mando e o poderio, porque já não sei para o que eles prestam. Como o febricitante em dia ardente de Estio, que aspira a brisa da tarde, a qual não pode sará-lo, mas que lhe refrigera por momentos o ardor do sangue, assim eu ainda me deixo afagar pela ideia de me atirar ao maior fervor das batalhas pelejadas em nome da pátria. Esse delírio dos perigos; essa loucura que o cheiro de sangue produz é um respiradouro por onde resfolegará a indignação e a cólera entesourada por anos neste coração. Tiufado, seria constrangido a vigiar as acções dos outros, a usar do valor tranquilo que afronta imóvel a morte; mas que é tal valor para aquele a quem a vida serve só de martírio? Uma hipocrisia mais; mais um meio de enganar o mundo. E que tenho eu com o mundo para curar de enganá-lo?

Homem de paz — dir-me-ás tu — pela profissão do sacerdócio; tendo buscado o repouso à sombra eterna da Cruz, como é que desejas só o que nos combates há mais brutal, ignóbil e obscuro, o furor da matança, e recusas o que neles há mais nobre e puro, a inteligência com que um único indivíduo move milhares deles e lhes multiplica a força com a rapidez das ideias, com a sublimidade das concepções, com a robustez de uma vontade imutável? Homem de paz cingindo a espada do guerreiro, que outro mister deverá ser o teu?

Busquei, é verdade, o repouso e a paz no santuário de Deus! Dias e dias, passeio-os orando com a fronte unida às lájeas do pavimento sagrado, esperando que da morada dos mortos surgisse para mim descanso e esquecimento; mas o sepulcro foi estéril. Noites e noites, vagueei-as pelas solidões: assentei-me ao luar sobre os penhascos dos promontórios, com os olhos cravados no céu ou errantes pela vastidão das águas, e onde todos acham lágrimas de consolo e de esperança eu não achei uma só, porque as minhas morriam apenas brotavam. O Senhor não me escutou as preces: não me aceitou a resignação. Este espírito, que tentava erguer-se nas asas da filosofia do Cristo para as alturas, despenhava-se de novo para o pélago medonho das recordações

75

amargas. Ainda os homens abençoavam o presbítero, e já a consciência lhe bradava, a todos os momentos: condenação para a tua alma!

Quando o céu é um deserto para a esperança, onde a acharei na terra? Que pode hoje embriagar-me, senão uma festa de sangue?

Já me teria assentado a esse frenético banquete nas guerras civis, se ainda não vivesse em mim o sentimento moral, sentimento irreflexivo, último, todavia, que se desvanece naquele que por largos anos viveu vida pura de crimes. Mas, sem crime, se pode assentar a ele um desgraçado como eu ao chamar por nós todos, no meio de um grande perigo, a terra de que somos filhos.

Teodemiro, breve virá, talvez, o dia em que vejas que o braço do gardingo não enfraqueceu debaixo das roupas do presbítero; em que ele te prove que a mortiça cor de uma negra armadura pode ser tão bela ao sol das batalhas como as couraças e os elmos resplandecentes de nobres guerreiros: que o franquisque grosseiro de um obscuro soldado pode contribuir para a vitória como a perícia militar de capitão famoso. Oxalá que, entretanto, seja verdade o que dizes! Oxalá que eu me enganasse, e que a traição não tenha tornado inúteis a inteligência e o braço do homem para salvar as Espanhas!

IX

JUNTO AO CHRYSUS

Congregados todos os godos, opôs-se à entrada dos
árabes e valorosamente foi ao encontro da invasão.

RODRIGO DE TOLEDO: *Das Cousas de Espanha*. L. 3.º

Poucos dias haviam passado depois que o duque de Córdova
recebera a última carta do infeliz Eurico. À frente das suas tiufadias, ele se encaminhara para Híspalis, seguindo as margens do
Bétis. Ao chegar à antiga Rómula[14], o bispo Opas recebeu-o com
demonstrações de alegria tais, que as suspeitas de Teodemiro, sus-
citadas, mau grado seu, pelas revelações do presbítero, quase se
desvaneceram. Na linguagem do sacerdote parecia reverberar-se
indignação profunda contra o conde de Septum e contra os demais
godos que tentavam, unidos com os bárbaros, assolar a terra natal.
O metropolita, segundo os costumes daquela época, tinha deposto
o báculo de pastor para cingir a espada de guerreiro, e aos paços
episcopais de Híspalis viam-se chegar todos os dias os parentes de
Opas e, por isso, de Vitiza, cujo irmão este era. Os nobres que
tinham seguido o bando dos mancebos Sisebuto e Ebas e que, pela
maior parte, viviam longe da corte, ajuntavam os seus servos e
clientes à hoste do bispo guerreiro, que prometia acompanhar o
rei godo com um esquadrão mais lustroso que o de seus sobrinhos,
a quem Roderico dera de feito o mando supremo de uma das alas
do exército que congregara em Toletum.

Em Híspalis, como por todos os ângulos da Espanha, os marte-los dos fundidores e armeiros retumbavam nas bigornas com ruído incessante; açacalavam-se as armas, poliam-se e provavam--se as armaduras, e os corcéis rápidos e robustos da Bética e da Lusitânia, impacientes nas tendas alevantadas em roda dos muros da cidade, mordiam os freios brilhantes e pareciam adivinhar que estava próximo um dia de combate. Os servos e os libertos, em competência com os homens livres e nobres, corriam a rodear os pendões da independência da pátria, e o sangue generoso dos Godos como que se despertava mais ardente e cheio de vigor ao grito da guerra santa, depois de uma sonolência secular, em que a sua antiga ousadia só dera sinais de vida nas lutas sem glória das dissensões intestinas.

E toda esta energia, todo este recordar-se da rica herança de esforço legado pelos conquistadores setentrionais a seus netos da Ibéria, dir-se-ia que eram suscitados pela Providência para salvar a monarquia gótica, porque de tudo isso ela carecia para resistir aos invasores. Desde que o exército destes, semelhante a serpe monstruosa, tinha cingido estreitamente a montanha do Calpe, não se passara um único dia em que não se fortalecesse e engros-sasse. As encostas do Ábila e os despenhadeiros do Atlas, os vales da Mauritânia e os areais de Sara e de Barca de contínuo arroja-vam para a Europa, através do Estreito, os seus filhos tostados ao sol fervente de África. Sem perícia militar, estes bárbaros são todavia temerosos nas pelejas, porque os capitães experimentados da Arábia os dirigem e movem como lhes apraz, e porque, sectá-rios de uma religião nova, crédulos mártires do inferno, buscam os embusteiros e torpes deleites que, além da morte, lhes prometeu o profeta de Iátribe[15], arremessando-se com um valor que se creria de desesperados diante do ferro dos seus contrários e conten-tando-se de acabar, contanto que sobre os seus cadáveres se has-teie vitorioso o estandarte do Islame.

A esta gente bruta e indomável, cujo esforço vem das crenças da outra vida, se ajuntam os esquadrões dos cavaleiros sarracenos que vagueiam pelas solidões da Arábia, pelas planícies do Egipto e pelos vales da Síria, e que, montados nas suas éguas ligeiras, podem rir-se do pesado franquisque dos Godos, acometendo e fugindo para acometerem de novo, rápidos como o pensamento, volteando ao redor dos seus inimigos, falsando-lhes as armas pela juntura das peças, cerceando-lhes os membros desguarnecidos, quase sem serem vistos, e apesar da sua incrível destreza, pelejando, quando cumpre, frente a frente, descarregando tremendos golpes de espada, topando em cheio com a lança no riste, como os guerreiros da Europa, e assaz robustos para, muitas vezes, os fazerem voar da sela nestes recontros violentos: homens, enfim, que, sem orgulho, se podem crer os primeiros do mundo num campo de batalha, pelo valor e pela ciência da guerra. É esta cavalaria irresistível que constitui o nervo da hoste dos muçulmanos e em que funda todas as suas esperanças o impetuoso Táriq.

Pouco depois da chegada de Teodemiro a Híspalis, um dia ao romper do Sol, viu-se ao longe para a banda das serranias ao norte do Bétis resplandecerem as cumeadas das montanhas, como se um grande incêndio devorasse as brenhas e os carvalhais antigos que povoavam as quebradas das serras. Era a hoste do rei dos Godos, que, saindo de Oretum, se encaminhava por Ilipa e Itálica, seguindo a margem direita do rio, para a antiga capital da Bética. Daqui, engrossado com as tiufadias de Teodemiro e com os que seguiam o pendão de Opas, o exército de Roderico devia marchar para acometer os árabes e entregar à sorte das batalhas os futuros destinos da Espanha.

Era já tempo. A torrente dos inimigos descera, enfim, do Calpe ou Jábal Táriq[16], cujo nome de muitos séculos o capitão árabe tinha apagado, para escrever o próprio nome no colar servil das muralhas que lhe lançara. O estandarte do profeta de Meca já flutuava nos campos da Bética, e a sua passagem era assinalada com ruínas, sangue e incêndios. Por onde quer que os muçulmanos tinham atravessado ficavam assentados o silêncio do sepulcro e a assolação do aniquilamento. Táriq era o anjo exterminador mandado por Deus às Espanhas, e a sua espada o raio despedido do céu para fulminar o Império dos Godos.

Saindo do seu ninho de águia, construído no promontório do Estreito, os invasores internavam-se no coração da província. Depois de haverem transposto as montanhas que se alteiam desde as ribas setentrionais do Belón até Lastigi, onde as serranias se enlaçam com as alturas de Nescânia, tinham-se assenhoreado sem resistência da cidade episcopal de Asido e, descendo dali para os vales que serpeiam de Gades a Segôncia, haviam assentado campo nas margens do Chrysus. Táriq esperava lá o recontro dos godos. Desde que partira do Calpe, todos os dias, quase todas as horas, se viam chegar à hoste do Islame cristãos vindos do lado de Híspalis, conduzidos pelos caudilhos dos almogaures ou corredores africanos. Apenas estes homens desconhecidos eram levados ante o capitão árabe, ele enviava um dos seus cavaleiros ao lugar onde tremulava o pendão de Juliano, e o conde de Septum não tardava a vir ajuntar-se com Táriq. Por vezes, à sombra de carvalho frondoso, no meio dos bosques cerrados das montanhas ou debaixo do pavilhão alevantado à hora da sesta em campina abrasada do sol, demoravam-se os dois, por largo espaço, a sós com esses homens, em cujo aspecto era fácil ler estampada a traição e a vileza. Depois, os desconhecidos partiam, sem que ninguém ousasse atalhar-lhes os passos; e, quando Juliano voltava para a pequena ala dos soldados da província transfretana, via-se-lhe o rosto, não radiante do contentamento que ressumbra de um coração puro quando folga, mas como sulcado por um raio da alegria feroz do criminoso que vê chegar o momento do crime há muito meditado e previsto.

Havia dois dias que nenhum incógnito atravessara o Chrysus para falar a sós com Juliano e Táriq. Estes passavam horas inteiras vagueando nas alturas vizinhas do acampamento pelo lado do meio-dia e do oriente. Dali olhavam para a montanha em cujo cimo campeava a antiga povoação de Asta, e, depois de a examinarem por largo espaço, voltavam ao campo ou corriam às atalaias, que se multiplicavam continuamente. Depois, tudo recaía no silêncio e na escuridão; porque as almenaras ou fogueiras nocturnas, que eram de uso entre os Árabes, haviam inteiramente cessado desde a primeira noite em que estes assentaram as tendas perto da beira do rio.

Ia em meio a terceira noite após aquela em que os crentes do Islame[17] tinham parado nas faldas setentrionais das cordilheiras de Asido. Eram profundas as trevas que se dilatavam pela face da Terra, mas os raios cintilantes das estrelas rareavam o manto negro da atmosfera. Esta luz incerta reverberava trémula e fugitiva nas pontas das lanças dos atalaias, que, apinhados na coroa dos outeirinhos ou embrenhados entre as sebes dos valados, observavam os picos agudos que, ao longe para o norte, negrejavam como recortados nas profundezas do céu. O Chrysus murmurava lá em baixo, e a esteira da corrente faiscava, também, com o reverberar da luz dos astros, enquanto o vento, passando pelas ramas de algumas árvores solitárias, respondia ao seu murmurar com o gemer da folhagem movediça.

Subitamente, no meio deste silêncio, alguns esculcas[18] e vigias lançados além do rio, na margem direita, creram perceber um ruído longínquo, que menos exercitados ouvidos não saberiam distinguir do remoto e quase imperceptível despenhar de torrente. Então eles se debruçaram no chão e, unindo a face à terra, escutaram por alguns momentos. Depois, erguendo-se a um tempo, ouviu-se entre eles uma voz sumida, que dizia: «Os romanos!» — e a turba repetiu: «Os romanos!»[19]

E, unindo-se numa fileira, encurvaram os arcos e ficaram imóveis.

Pouco a pouco aquele ruído, mal sentido a princípio, cresceu e tornou-se mais distinto. Brevemente fácil foi de perceber o tropear de milhares de cavalos e o bater confuso dos pés de milhares de homens. Os esculcas árabes conservavam-se unidos e em silêncio.

De repente o grito de «Allah!» retumbou de além do Chrysus: seguiu-se um estridor de poucas frechas, e num instante os atalaias do campo viram alvejar fitas de escuma que se estendiam através do rio para a margem esquerda. Eram os esculcas que o cruzavam a nado, tendo empregado na dianteira dos godos os seus primeiros tiros.

Uma nuvem de setas respondeu ao sibilar das dos esculcas árabes; algumas das fitas de escuma ondearam, derivaram pela corrente e desvaneceram-se no dorso escuro e cintilante das águas. O Chrysus recolhia os primeiros despojos de um terrível combate.

Na principal atalaia dos muçulmanos soou então uma trombeta; centenares delas responderam por todos os ângulos do campo a este convocar para a morte. Os esquadrões uniam-se com a rapidez do relâmpago e, abandonando o recinto das tendas, arrojavam-se para as margens do rio.

Os godos, porém, tinham a vantagem de caminharem ordenados e, por isso, haviam topado com a corrente antes que os seus contrários começassem a atravessar a planície fronteira. As frechas caíam sobre os árabes, que se aproximavam, como saraiva espessa; largas e sólidas jangadas, trazidas em carros puxados por mulas possantes da Lusitânia, baqueavam sobre a água e, desdobrando-se com engenhosa arte, cresciam até entestar com a margem oposta. Então, os melhores cavaleiros godos, curvando-se para diante, com o franquisque erguido, corriam para as pontes, vergadas debaixo do peso dos cavalos e dos homens cobertos de armaduras, e vinham bater em cheio nos corredores árabes, que, no meio das trevas, não podiam esquivar-se aos golpes do ferro inimigo. Já, nas bocas de algumas dessas estradas movediças, os cadáveres amontoados começavam a embargar os passos dos vivos; mas por outras, onde os árabes ainda mal ordenados e menos numerosos não tinham podido resistir ao ímpeto dos godos, golfavam torrentes de guerreiros, que, marchando unidos para uma e outra parte, acometiam de lado os árabes, os quais, feridos pela frente e pelas costas, vacilavam e retrocediam. Debalde a voz retumbante de Táriq sobrelevava por cima dos gritos de furor e de agonia de muçulmanos e cristãos. O número dez vezes maior dos godos tornava impossível a resistência, e a passagem do exército de Roderico para a margem esquerda do Chrysus só Deus a poderia impedir.

Era quase manhã quando o capitão árabe se desenganou da inutilidade de se opor por mais tempo à passagem dos inimigos. As tiufadias godas achavam-se pela maior parte na campina onde se deviam resolver os destinos da Espanha, e bem que a este tempo todo o exército do Islame estivesse já em ordem de pelejar, a noite dava grande vantagem aos godos, cuja cavalaria, coberta de armas defensivas mais sólidas que as dos árabes, resistia facilmente aos cavaleiros do deserto, para quem a maior ligeireza e o mais destro modo de acometer eram baldados no meio das trevas. A um sinal das trombetas os esquadrões muçulmanos começaram a recuar e, alongando-se pela frente do acampamento, esperaram o romper do dia, enquanto o exército godo acabava de transpor o rio e vibrava milhares de frechas perdidas para o lado onde os capilhares alvíssimos dos árabes branquejavam à luz duvidosa do céu recamado de estrelas.

Quando o Sol, rompendo detrás dos outeiros de Segôncia, veio com o seu clarão avermelhado inundar as veigas do Chrysus, o espectáculo que elas ofereciam era variado e sublime. De um lado as tendas dos árabes, derramadas pelas raízes dos montes e pelos cimos dos outeiros, podiam comparar-se ao acampamento das tribos do deserto, que, emprazadas à voz do profeta, se houvessem ajuntado num ponto único das solidões onde vagueiam. Diante desta cidade imensa e movediça, os esquadrões dos muçulmanos, divididos por famílias e raças, estavam firmes e cerrados em frente de seus pendões, que os alféreces, montados em ginetes possantes, sustinham erguidos na retaguarda de cada tribo. Os raios matutinos faziam alvejar os turbantes e cintilavam nos ferros das lanças que os cavaleiros tinham em punho, e os leves escudos orbiculares, que os compridos saios de malha pareciam tornar inúteis, embraçados já para o combate, brilhavam com as suas cores vivas e variadas à claridade serena do romper do dia.

Os esquadrões árabes eram a flor do exército de Táriq; mas a catadura selvagem dos africanos seus aliados, neófitos do islamismo, produzia, porventura, mais temor do que o aspecto deles. Torvos e ferozes eram o gesto e os meneios destes homens sem disciplina, cujas paixões se lhes pintavam nos rostos tostados e rugosos, nos olhos banhados de fel e orlados de sangue, e de cuja bruteza e miséria davam testemunho os manguais que lhes serviam de armas (armas terríveis, com que abolavam os elmos mais reforçados) e a hediondez dos seus albornozes pardos, imundos e despedaçados. Tudo, enfim, neles contrastava com as armas brilhantes, com os ricos trajos e com os vultos majestosos dos cavaleiros do Oriente, que, conservando-se em silêncio e imóveis, pareciam desprezar as tribos bereberes de Zeneta, de Masmuda, de Zanhaga, de Quetama e de Hoara, que formavam as alas e que, brandindo as rudes armas, com gritos medonhos se apelidavam para a batalha.

Tal era o espectáculo que oferecia o exército dos muçulmanos. Defronte dele, a hoste goda apresentava os maciços profundos dos seus soldados, cobrindo, como grossa muralha de metal reluzente, a margem esquerda do rio. Rodeado dos mais ilustres guerreiros, Roderico estava no centro das tiufadias formadas pelos espadaúdos soldados da Lusitânia setentrional e da Galécia, em cujas feições se divisava ainda que descendiam dos indomáveis Suevos. Unidos com eles sob os pendões reais, estavam os guerreiros veteranos da Narbonense, habituados a cruzar diariamente as espadas com os orgulhosos francos, que estanciavam pelas Gálias, além das fronteiras do império. A ala direita, dividida em dois esquadrões capitaneados pelos dois filhos de Vitiza, Sisebuto e Ebas, continha a flor dos cavaleiros da Cartaginense. Com estes estava o corpo que o metropolitano de Híspalis ajuntara, composto em grande parte dos nobres que haviam deposto a espada desde que Roderico subira ao trono e que a cingiam de novo nesta guerra de independência. A ala esquerda, mais pequena que as outras duas, não parecia por isso menos de temer para os árabes. O duque de Córdova, Teodemiro, era o capitão dessa ala, em que estavam todos os veteranos que o tinham ajudado a repelir as primeiras tentativas dos maometanos e que já conheciam por experiência o modo de pelejar deles. Estes velhos soldados deviam levar ao combate os mancebos que, à voz de Teodemiro, tinham corrido às armas de todos os lados da Bética e em cujos corações o afamado guerreiro soubera despertar o sentimento da glória e do amor da pátria. Com ele militavam, enfim, as relíquias dos soldados tingitanos que não tinham querido associar-se à traição do conde de Septum.

Como os árabes, os godos tinham no meio de si uma nuvem de peões armados, não menos bárbaros e ferozes que os filhos da Mauritânia. Os montanheses do Hermínio na Lusitânia, aborígenes, talvez, daquele país, os quais, na época das invasões germânicas, bem como já na da conquista romana, a custo haviam submetido o colo ao jugo de estranhos, e os vascónios, habitadores selvagens das cordilheiras dos Pirenéus, constituíam com os servos um grosso de gente a que hoje chamaríamos a infantaria do exército. As suas armas ofensivas eram a cateia teutónica, espécie de dardo, a funda, a clava ferrada e o arco e a seta. Requeimados pelo sol ardente do Estio ou pelo vento gelado dos invernos rigorosos das serranias, incapazes de conhecerem a vantagem da ordem e da disciplina, estes homens rudes combatiam meios nus e desprezavam todas as precauções da guerra. O seu grito de acometer era um rugido de tigre. Vencidos, nunca se lhes ouvia pedir compaixão; porque, vencedores, não havia a esperar deles misericórdia. Tais eram os soldados que a Espanha opunha à mourisma que circundava os árabes.

Por algum tempo os dois exércitos conservaram-se em distância um do outro, como dois antigos gladiadores, observando-se mutuamente antes de começarem uma luta que para algum deles tinha de ser, forçosamente, a última. A consciência da terribilidade do drama que ia representar-se penetrou, por fim, até nos corações dos bárbaros de um e de outro campo; as vozarias que sussurravam ao longe foram pouco a pouco esmorecendo, até caírem num silêncio tremendo, só cortado pelo respirar comprimido de tantos homens ou pelo relinchar dos cavalos, que, impacientes, escarvavam a terra.

X

TRAIÇÃO

A transgressão dos juramentos tem crescido despeadamente, e o costume de trair os nossos príncipes cada
vez é mais frequente.

Concílio Toledano XVI. C. 10

O Sol ia já em alto quando o grito de «Allah hu Acbar!»[20] soou
no centro dos esquadrões do Islame. Era a voz sonora e retumbante de Táriq. Repetido por milhares de bocas, este grito restrugiu e ecoou, como o estourar de trovoada distante, pelos pendores
das serras e murmurou e perdeu-se pelos desfiladeiros e vales. A
cavalaria árabe, enristando as lanças, arremessou-se pela planície e
desapareceu num turbilhão de pó.

— Cristo e avante! — bradaram os godos: e os esquadrões de
Roderico precipitaram-se ao encontro dos muçulmanos. São como
dois bulcões enovelados, que, em vez de correrem pela atmosfera
nas asas da procela, rolam na terra, que parece tremer e vergar
debaixo do peso daquela tempestade de homens. O ruído abafado
e bem distinto do mover dos dois exércitos vai-se gradualmente
confundindo num som único, ao passo que o chão intermédio se
embebe debaixo dos pés dos cavalos. Essa distância entre as duas
muralhas de ferro estreita-se, estreita-se! É apenas uma faixa tortuosa lançada entre as duas nuvens de pó. Desapareceu! Como o
estourar do rolo de mar encapelado, tombando de súbito sobre os
alcantis de extensas ribas, as lanças cruzadas ferem quase a um

tempo nos escudos, nos arneses, nos capacetes. Um longo gemido, assonância horrenda de mil gemidos, sobreleva ao som cavo que tiram as armaduras batendo na terra. Baralham-se as extensas fileiras: cruzam-nas espantados os ginetes sem donos, nitrindo de terror e de cólera, com as crinas erriçadas e respirando um alento fumegante. Não se distingue naquele oceano agitado mais que o afuzilar trémulo das espadas, o relampaguear rápido dos franquisques, o cintilar passageiro dos elmos de bronze; não se ouve senão o tinir do ferro no ferro e um concerto diabólico de blasfémias, de pragas, de injúrias em romano e em árabe, inteligíveis para aqueles a quem são dirigidas, não pelos sons articulados, mas pelos gestos de ódio e desesperação dos que as proferem. De vez em quando, um brado retumba por cima do estrupido: são os capitães que buscam ordenar as batalhas. Debalde! As fileiras têm rareado: o combate converteu-se num duelo imenso ou, antes, em milhares de duelos. Cada cavaleiro árabe travou-se com um cavaleiro godo, e os dois contendores esquecem-se de tudo quanto os rodeia: são dois inimigos, cujo ódio nasceu e encaneceu num momento, e num momento esse rancor é intenso quanto o fora, se por largos dias se acumulara sem poder resfolegar. Firmes, os guerreiros cristãos vibram a pesada acha de armas que tomaram dos Francos ou jogam a espada curta e larga dos antigos Romanos; porque as lanças voaram em rachas tanto das mãos dos godos, como das dos árabes. Estes, curvados sobre os colos dos cavalos e cobertos com os leves escudos, volteiam em roda dos adversários, e, quase ao mesmo tempo, os acometem por um e por outro lado, tão rápido é o seu perpassar. Nesta luta da força e da destreza, ora o duro neto dos Visigodos, deslumbrado pelo incessante dos golpes, esvaído pelas muitas feridas, sufocado pelo peso da armadura, vacila e cai, como o pinheiro gigante; ora o ligeiro agareno vê coriscar em alto o franquisque e logo o sente, se ainda sente, embargar-lhe o último grito na garganta, até onde rompeu, partindo-lhe o crânio, e sulcando-lhe o rosto. Assim, os centros dos dois exércitos semelham o tigre e o leão no circo, abraçados, despedaçando-se, estorcendo-se enovelados, sem que seja possível prever o desfecho da luta, mas tão-somente que, ao adejar a vitória sobre um dos campos, terá descido sobre o outro o silêncio e o repouso do aniquilamento.

Os soldados que seguiam a bandeira de Teodemiro tinham-se abalado para o combate apenas viram partir os esquadrões de Roderico. A ala direita dos maometanos era capitaneada pelo amir da cavalaria africana, Mugueiz, a quem a sua origem cristã fizera dar o nome de Al-Rumi. O amir era o mais valente e experimentado dos capitães de Táriq, e por isso este fiara do renegado o mando daquela ala, na qual também esvoaçava o pendão de Juliano, que, se não abandonara, como Al-Rumi, a crença do Calvário, tinha, contudo, amaldiçoado também a santa religião da pátria. Estes dois guerreiros, ferozes ambos, um por índole e hábito, outro por vingança e ambição, amavam-se mutuamente, porque os fizera irmãos uma palavra escrita em suas consciências, a máxima afronta humana, o nome de renegados.

O recontro dessa ala foi semelhante em tudo ao do grosso das duas hostes, salvo que aí o franquisque encontrava no ar o franquisque, a injúria de godos respondia à injúria proferida por bocas de godos, e as imprecações do ódio trocavam-se com maior violência ainda. Teodemiro combatia à frente das suas tiufadias onde mais aceso ia ser o travar da batalha, sem, todavia, esquecer o ofício de capitão. Era isto; era o exemplo que tornava invencíveis os seus soldados. Guiando os cavaleiros tingitanos, Juliano também rompera primeiro adiante dos árabes. Os dois antigos companheiros de combates haviam topado em cheio, e as lanças voaram-lhes das mãos em rachas. Os cavaleiros passaram um pelo outro como relâmpagos, para logo tornarem a voltar, arrancando das espadas.

— Circuncidado! — bradou Teodemiro, ao perpassar por Juliano na rapidez da carreira.

— Escravo! — replicou o conde de Septum, rangendo os dentes.

A injúria vibrada pelo duque de Córdova penetrara mui fundo. Semelhante a Judas, o conde da Tingitânia traíra a pátria pela cobiça e, defendendo o estandarte do profeta de Medina, fazia triunfar o Corão. Duas vezes a sua alma era a de um circunciso.

Os dois cavaleiros godos acometeram-se com toda a fúria de rancor entranhável: as espadas, encontrando-se no ar, faiscaram como o ferro abrasado na incude; mas a de Teodemiro fora vibrada por braço mais robusto, e, posto que o golpe descesse amortecido, ainda entrou profundamente no escudo que o seu adversário levava erguido sobre a cabeça. Entretanto Juliano, revolvendo ligeiro a espada, rompeu a couraça do duque de Córdova e feriu-o levemente no lado.

— Vencedor dos Vascónios — gritou, rindo diabolicamente, o conde de Septum —, olha por ti! Nas margens do Chrysus não há taças de vinho, como aquela com que te embriagavas nos paços do teu senhor. Aqui o que corre é sangue!

Teodemiro tinha já desencravado a espada do escudo de Juliano, em que ficara embebida. Rapidamente ela descera de novo guiada pela raiva de que abafava o guerreiro. O golpe quebrou o escudo já falsado e bateu no elmo brilhante do conde, com tal fúria, que este perdeu a luz dos olhos e, curvando-se para diante, abraçou-se ao colo do cavalo, quase sem sentidos. Outra vez que o duque de Córdova vibrasse o ferro, Juliano estava perdido: o caminho da morte lá lhe ficara indicado no elmo.

— Que olhas para o chão, traidor? — disse Teodemiro, com voz trémula de cólera e de escárnio e segundando o golpe. — É a terra da pátria que vendeste aos infiéis como tu!

O ferro, porém, não pôde chegar à cimeira do capacete do conde. Outro ferro, seguro por mão robusta, se meteu de permeio. Era a espada de Mugueiz, o qual, passando, vira o perigo iminente do seu amigo e correra para o salvar.

Então Teodemiro voltou-se contra o renegado, e um violento combate se travou entre ambos. Mugueiz não era menos destro que o príncipe da Bética. Mais membrudo e robusto que ele e, além disso, ainda não ferido, a vantagem era toda sua; mas o esforço de Teodemiro supria essa inferioridade.

Entretanto Juliano recobrara o alento; a vergonha, o despeito, a sede de vingança estorciam-lhe o coração. O nobre ginete em que cavalgava, sentindo seu senhor semimorto, tinha corrido espantado até onde a multidão de cristãos e árabes, travados em peleja sanguinolenta, lho consentia. O conde, cravando-lhe os acicates, com a espada erguida na mão, arremessou-o para o lugar onde o duque de Córdova pelejava com Mugueiz. Era um feito covarde: mas que importava a Juliano a desonra? Assinalado com o ferrete indelével de traidor, havia-se habituado a viver para um sentimento único — a vingança. E a vingança era quem o impelia.

Neste momento, por uma das pontes já desertas lançadas na noite antecedente sobre o Chrysus soava um correr de cavalo à rédea solta. Alguns soldados que andavam mais perto da margem volveram para lá os olhos. Um cavalèiro de estranho aspecto era o que assim corria. Vinha todo coberto de negro: negros o elmo, a couraça e o saio; o próprio ginete murzelo: lança não a trazia. Pendia-lhe da direita da sela uma grossa maça ferrada de muitas puas, espécie de clava conhecida pelo nome de borda, e da esquerda a arma predilecta dos godos, a bipene dos francos, o destruidor franquisque. Subiu rápido a encosta donde Roderico atendia aos sucessos da batalha. Parou um momento e, olhando para um e outro lado, endireitou a carreira para o lugar em que flutuavam os pendões das tiufadias da Bética. Como um rochedo pendurado sobre as ribanceiras do mar, que, estalando, rola pelos despenhadeiros e, abrindo um abismo, se atufa nas águas, assim o cavaleiro desconhecido, rompendo por entre os godos, precipitou--se para onde mais cerrado em redor de Teodemiro e Mugueiz fervia o pelejar.

Juliano tinha-se aproximado no entanto do esforçado duque de Córdova, que, ferido e obrigado a combater com o destro e feroz renegado, a custo se poderia defender dos golpes do conde, golpes que o ódio e a cólera dirigiam. Alguns cavaleiros da Bética voaram a socorrer Teodemiro; mas os árabes com que andavam travados tinham-nos seguido de perto e, rodeando Mugueiz, haviam tornado inútil o socorro dos cavaleiros cristãos. O apertado revolver das armas formava uma selva de ferros em volta dos dois capitães inimigos, através da qual debalde o conde de Septum buscara muitas vezes abrir caminho para ferir Teodemiro, até que finalmente, galgando por cima de um árabe derribado, pudera vibrar um golpe. O elmo do nobre godo restrugira, e o guerreiro vacilara. A última página da sua vida parecia escrita no livro dos destinos. Os dois adversários do duque de Córdova iam tingir de negro as que ainda lhe restavam em branco.

Mas o cavaleiro desconhecido havia passado através da hoste goda e chegara à dianteira dos árabes. Com a maça jogada às mãos ambas abolava e rompia as armas mais bem temperadas, e as puas entrando pelas carnes dos que se lhe punham diante, iam esmiga-

90

lhar-lhes os ossos. Por onde ele atravessava, nem as fileiras se uniam, nem os godos achavam adversários. Como a charrua, tirada com violência em chão batido de planície, deixa após si grossas glebas revolvidas, assim aquela arma irresistível deixava, ao passar, uma larga cauda de cadáveres entretecida de moribundos debatendo-se em terra. Os godos, espantados, perguntavam uns aos outros quem seria aquele temeroso guerreiro; mas entre eles ninguém havia que pudesse dizê-lo. Se combatesse pelos muçulmanos, crê-lo-iam o demónio da assolação; mas, pelejando pela Cruz, dir-se-ia que era o arcanjo das batalhas mandado por Deus para salvar Teodemiro e, com ele, os esquadrões da Bética.

No instante em que o cavaleiro negro chegou ao lugar onde já o duque de Córdova só procurava amparar-se contra Mugueiz e Juliano, este, cego de furor, descia com segundo golpe: a espada, porém, voou-lhe das mãos em pedaços, batendo na maça do cavaleiro negro, que, deixando depois cair a pesada borda ao longo do efípio[21], ergueu o franquisque e, descarregando-o sobre o ombro do renegado, lhe fez uma ferida profunda. A dor arrancou um brado a Mugueiz, a cujo som o seu ginete amestrado o arrebatou para o meio dos árabes, e Juliano, vendo-se desarmado, fugiu após ele. Então o desconhecido disse a Teodemiro algumas palavras sumidas e, sem esperar resposta, internou-se outra vez no meio dos esquadrões agarenos.

Desde este momento a ala direita dos muçulmanos começou de afrouxar, porque Mugueiz, malferido, se retraíra para o acampamento. Alguns xeiques ilustres jaziam moribundos ou mortos às mãos do cavaleiro negro, que parecia escolher as suas vítimas entre os mais nobres guerreiros do Islame. Animados por ele, os godos, cobrando novos brios, procuravam imitá-lo e arremessavam-se destemidos através da hoste inimiga, que debalde procurava resistir à torrente. Os sinais da vitória dos godos eram já dolorosamente certos para os muçulmanos.

Roderico viu isto e exultou. O Sol inclinava-se para o ocaso, e o centro do exército árabe, onde se achava Táriq, estava firme; mas os clamores do triunfo, que já soavam na ala esquerda dos cristãos, começavam a espalhar a incerteza entre os soldados do profeta. Foi então que o rei dos Godos ordenou à sua ala direita descesse contra os bereberes e, dispersando-os, acometesse os

91

esquadrões de Táriq, que pareciam haver lançado raízes no solo ensanguentado do campo da batalha.

Um quingentário partiu à rédea solta para levar a ordem fatal aos filhos de Vitiza. À frente dos seus soldados os dois irmãos falavam a sós com Opas e contemplavam o combate. Apenas ouviram o que se lhes ordenava, Sisebuto e Ebas, voltando-se para os esquadrões que lhes obedeciam, clamaram:

— Vingança!

Este brado foi repetido por Opas e pelos nobres que o seguiam. Então, no meio daquela espessa selva de lanças repercutiu um grito que respondia ao dos capitães:

— Glória ao rei Sisebuto! Morte ao traidor Roderico!

E os filhos de Vitiza e o hipócrita bispo de Híspalis, com as lanças aprumadas e as espadas na bainha, lançaram-se pelo vale abaixo, e a mor parte dos esquadrões seguiram-nos. Apenas Pelágio, duque de Cantábria, ficou imóvel à frente dos selvagens vascónios e dalgumas tiufadias da Galécia e da Narbonense que, alheias à traição daqueles mal-aventurados, recusaram segui-los.

Roderico viu enovelarem-se nos ares os rolos de pó que se alevantavam sob os pés dos ginetes:

— Valentes mancebos — exclamou —, hoje a Espanha vai ser salva por vós! Vede — acrescentava, sorrindo e falando com os guerreiros que o cercavam, muitos dos quais haviam condenado a sua arriscada confiança na generosidade dos filhos de Vitiza —, vede como eles voam contra os africanos! Quando um grande risco ameaça a pátria não há ódios entre os Godos: todos eles são irmãos, porque todos eles são filhos desta nobre terra de Espanha.

E o quingentário que voltava gritou de longe:

— Somos traídos!

Roderico empalideceu. A certeza da vitória tinha-se desvanecido.

XI

«DIES IRAE»

> Por quantas desventuras a pátria dos Godos tem sido
> abalada: quão repetidos a pungem os golpes dos fugitivos
> e a nefanda soberba dos trânsfugas, quase ninguém
> ignora.

Código Visigótico II, 1-7

A passagem de tão avultado número de godos para os inimigos e o crepúsculo que descia obrigaram Roderico a fazer cessar o combate, enquanto a noite pousava tranquila sobre aquela campina povoada de aflições e dores. A aurora rompeu meiga e serena, como nos dias em que vinha trazer as alvoradas alegres às malhadas dos pastores, que, colmadas, amarelejavam outrora pelas margens relvosas do Chrysus, em vez das tendas de guerra, que ali alvejavam agora com os primeiros resplendores da madrugada. O homem debatia-se aí nas vascas da morte, e o Sol passava envolto na sua glória, indiferente às angústias daqueles que, em seu ridículo orgulho, se chamavam monarcas e conquistadores do mundo; passava, sem lhe importar se os vermes vestidos de ferro chamados guerreiros se despedaçavam uns aos outros, com o delírio insensato das víboras no momento dos seus amorosos ardores.

Pelas trevas, um ruído sumido, mas incessante, de passadas de homens e de tropear de cavalos soara horas inteiras em um e em outro campo. Era que em eles ambos surgira uma ideia idêntica. O rei godo havia resolvido formar um corpo só das relíquias da sua hoste e com ele acometer a principal batalha dos inimigos, para a destruir rapidamente antes que as alas pudessem socorrê-la. O mesmo pensamento tivera Táriq. Semelhante à trovoada do Estio, que se amontoa durante a noite em dois pólos encontrados e ao alvorecer semeia de coriscos as solidões do céu e povoa de estampidos discordes os ecos da terra, assim cada um dos campos se aglomerava em uma pinha gigante; convertia-se num homem só, para em duelo de morte resolver com o seu contendor se os filhos das Espanhas deviam aceitar a lei do Corão ou continuar a abrigar-se à sombra da divina Cruz.

Táriq lançara na frente da hoste muçulmana os trânsfugas do inimigo. Sisebuto, Ebas, o bispo de Híspalis e o conde de Septum com os seus numerosos guerreiros constituíam a vanguarda. Seguia-se a cavalaria árabe. Os bereberes cingiam este maciço de homens e ginetes, em parte cobertos de ferro, e os indisciplinados cavaleiros da Mauritânia, dispersos como almogaures, deviam vagar soltos para fazer entradas nas alas inimigas e impedir assim que elas pudessem a tempo socorrer o centro do exército, que o general árabe esperava desbaratar no primeiro ímpeto.

Roderico, pela sua parte, tinha posto na vanguarda as tiufadias vitoriosas de Teodemiro, os cavaleiros da Cantábria guiados pelo moço Pelágio, filho de Fávila, que sucedera a seu pai no governo daquela província, e, finalmente, os guerreiros escolhidos da Lusitânia e da Galécia, que ele próprio capitaneava. Como Táriq, o rei godo colocara de um e de outro lado da hoste apinhada os frecheiros e fundibulários selvagens do Hermínio e os montanheses vascónios, antiga raça de celtas, irmãos em linhagem, em valor, em crueza, em armas e em costumes. Na retaguarda estavam os soldados da província cartaginense que não tinham seguido o exemplo dos trânsfugas por andarem derramados em outros lugares ou, talvez, porque, não corrompidos, guardavam ainda no coração vestígios de amor da pátria.

Ao amanhecer, cada um dos capitães inimigos viu com assombro que a mesma traça de guerra de que pretendera valer-se para obter a vitória ocorrera à mente do seu adversário. Era, porém, tarde para alterar a ordem da batalha. Ao mesmo tempo as trombetas godas e os anafis árabes deram o sinal do combate, e o grito de «Cristo e avante!» confundiu-se em estampido medonho com o brado de «Allah hu Acbar!» — o brado de guerra dos pelejadores sarracenos.

O chão pareceu afundir-se com o encontro daquelas duas mós enormes de homens armados, e o eco dos botes das lanças nos escudos convexos e nas armas sonoras dos cavaleiros repercutiu nas encostas fronteiras e desvaneceu-se ao longe, murmurando entre as quebradas. Desde o primeiro embate, não mais fora possível distinguir os exércitos travados como dois lutadores furiosos. Eram um vulto só, indelineável, monstruoso, imenso, cujo topo ondeava, semelhante ao de canavial movido pelo vento, cujos contornos indecisos se agitavam, torciam, alargavam, diminuíam, oscilavam, como tapete de nenúfares sobre marnel revolto pelo despenhar das torrentes. Nuvens de setas sibilavam nos ares; as espadas sarracenas cruzavam-se com as espadas godas: a cateia teutónica ia, zumbindo, abrir fundos regos nas fileiras árabes, e os membros ossudos dos peões lusitanos e cântabros estouravam debaixo das pancadas violentas dos manguais[22] da peonagem mourisca. Muitos ginetes vagueavam sem donos; muitos cavaleiros combatiam a pé. Desgraçado do que, ferido, caía em terra; porque para ele não havia misericórdia: o punhal acabava o que o franquisque ou a cimitarra começara. Dir-se-ia que os regatos de sangue, serpeando por entre as duas hostes enredadas e salpicando as frontes e corpos, eram as veias descarnadas e rotas daquele grande vulto, coleando na derradeira agonia.

O cavaleiro negro, ao cessar a batalha do dia antecedente, desaparecera do campo, sem que ninguém soubesse dizer como ou onde se escondera. Só Teodemiro parecia não o ignorar; porque, ao falarem do desconhecido e das suas quase incríveis façanhas, os tiufados e quingentários que em volta dele esperavam o romper da manhã e o recomeçar da peleja, o duque de Córdova buscara sempre mudar de conversação ou respondera, carregando-se-lhe o semblante de tristeza: «É, porventura, algum desgraçado que procura o repouso da morte, e para o homem que resolveu morrer, que feito de valor será impossível? Se ele não quer deixar na terra nem o eco vão de um nome glorioso, respeitai-lhe os desejos, porque profundo deve ser o abismo da sua desventura.»

Ao som, porém, das trombetas que anunciavam o renovar do combate, o cavaleiro negro não tardara a aparecer onde mais acesa andava a briga. Via-se, contudo, que era principalmente nas fileiras dos árabes, onde as puas agudas e cortadoras da sua temerosa borda ou maça de armas faziam maiores estragos. Mas, quando algum dos godos trânsfugas ousava esperar-lhe os golpes ou tentava feri-lo, ouvia-se-lhe um rugido como o de maldição preso na garganta por cólera imensa, e o seu miserável contrário não tardava a golfar o sangue na terra da pátria que traíra e a entregar aos demónios a alma tisnada pela infâmia da perfídia. Os árabes supersticiosos quase criam ver nele Íblis, o rei infernal do Geena, armado da espada percuciente, solto por Deus para os punir das ofensas cometidas contra o divino Corão. Diante dele recuavam os mais esforçados muçulmanos, e só de longe os frecheiros lhe disparavam alguns tiros, que se lhe empenavam no escudo ou, roçando por este, vinham bater-lhe na armadura, debaixo da qual manava já o sangue de algumas feridas, e os membros lassos começavam a desmentir a impetuosidade do espírito.

Como na véspera, o Sol inclinava-se das alturas do céu para o ocaso, e ainda a batalha estava indecisa, se é que o terror que incutia o cavaleiro negro no lugar onde pelejava não fazia pender um pouco a balança do lado dos godos. De repente, um grito agudo partiu do mais espesso revolver do combate; este grito gigante, indizível, de íntima agonia, era o brado uníssono de muitos homens; era o anúncio doloroso de um sucesso tremendo. O cavaleiro negro, que, impelido pela ebriedade do sangue, e semelhante a rochedo que se despenha pelo pendor da montanha, ia derramando a morte através dos esquadrões do Islame, volveu os olhos para o lugar onde soara o bramido retumbante da multidão. Era no centro do exército godo. As tiufadias vergavam em semicírculos para a banda do Chrysus, como o açude minado pela torrente, a ponto de desprender-se das margens, oscila e se curva, bojando sobre a veia inferior das águas. A muralha de ferro que, posta entre o islamismo e a Europa, dizia à religião do profeta de Iátribe «não passarás daqui» vacila, como a quadrela de cidade fortificada batida muitos dias por vaivém de inimigos. Por fim, aqueles vastos maciços de homens ligados pela cadeia fortíssima da disciplina, do pudor militar e do esforço, derivam rotos ante os turbilhões dos árabes, ondeiam e derramam-se na campina. Pelo boqueirão enorme aberto no centro da hoste goda precipitam-se as

ondas dos cavaleiros maometanos, e, após eles, a turba dos bereberes, com um bramido bárbaro. Debalde as alas tentam ajuntar-se,
travar-se uma com a outra, soldar os membros despedaçados do
leão ibérico. Passa por lá a impetuosa corrente dos netos de Agar,
que envolve e arrasta os que pretendem vadeá-la. Deus contara os
dias do império de Leovigildo, e o sol do último deles era o que
descia já para o ocidente!

O cavaleiro negro vira a fuga das batalhas godas, advertido
pelo clamor que a precedera. Voltando as rédeas do seu murzelo,
esporeou-o para aquela parte. Levava lançado às costas o escudo,
onde os tiros dos archeiros africanos ciciavam, como a saraiva no
Inverno batendo nos troncos despidos do roble. Pendia-lhe da
esquerda do arção a borda ensanguentada, da direita o franquisque. O ginete tresfolegava na fúria da carreira, açoutando os ares
com as crinas ondeantes e atirando-se ao meio da espécie de voragem aberta nas fileiras cristãs, a qual como que tragava uns após
outros os esquadrões muçulmanos. Ao chegar à confluência
daquelas encontradas torrentes de homens armados, o guerreiro
parou, e, olhando em roda por um momento, ouviu-se-lhe um
grande brado. Era a primeira vez que a sua voz soava no meio da
batalha, e a única palavra que lhe saiu da boca foi o nome de
Teodemiro. Esse brado devia chegar longe, reboando como o tro-
vão. Dir-se-ia que o cavaleiro estava habituado à conversação do
bramido dos mares revoltos e do rugir das ventanias pelas fragas
das serras; porque naquele grito, conjunto inexplicável de cólera e
de dor, havia uma semelhança, uma harmonia com o gemido
imenso da natureza quando luta consigo mesma no passar da
tempestade.

Mas aos ouvidos de Teodemiro não podia chegar a voz do
desconhecido. Arrastado pelos turbilhões de fugitivos, forcejando
por obrigá-los a voltar o rosto contra os árabes, ora com palavras
de amarga repreensão, ora com o exemplo, o duque de Córdova
combatia mui longe dele. Em vão o cavaleiro negro lhe repetia o
nome: era inútil este chamar e, apenas, servia para atrair os golpes
dos agarenos vitoriosos. As achas de armas, as cimitarras, os dardos faziam centelhar a armadura e o escudo do desconhecido, que,
tomado, ao que parecia, dum pensamento doloroso, alongava os
olhos por toda a parte em busca de Teodemiro. Com um gemido

de desalento, o cavaleiro saiu, enfim, da espécie de torpor que o tornava imóvel ante o espectáculo de tanta desventura, e o seu despertar foi tremendo. Erguendo em alto a maça de armas e vibrando-a furiosamente em volta de si, começou a partir espadas e a abolar armaduras. Em breve, ao redor dele, no meio dos muçulmanos vencedores, o terror invadia os ânimos, como na véspera, como nesse mesmo dia, se espalhara por toda a parte onde haviam reluzido as puas da sua ensanguentada borda ou o ferro do seu cortador franquisque.

Apenas, à força de golpes, o cavaleiro negro abriu no meio dos muçulmanos vencedores uma larga clareira, esporeando o ginete, lançou-se para o lado em que os godos desordenados se retraíam ante as espadas do Islame. No espaço intermédio entre os fugitivos e os árabes flutuava sem recuar o pendão do duque de Córdova. Em volta desse pendão tremulavam as signas das tiufadias da Bética, que, cercadas por todos os lados, resistiam ainda ao embate dos sarracenos. No meio, porém, dos que abandonavam vilmente o campo da batalha nem uma única bandeira se hasteava; mas, pelo esplêndido das armas, o guerreiro conheceu aqueles que não ousavam resgatar com a vida a desonra das Espanhas. Eram os soldados escolhidos de Roderico; era a brilhante cavalaria que ele próprio capitaneava! A indignação trasbordou da alma do guerreiro:

— Rei dos Godos, rei dos Godos! — exclamou ele — és covarde! Embora vás esconder a tua ignomínia nos muros de Toletum. Ainda neste campo de batalha restam homens valentes: ainda Teodemiro combate, não por teu trono desonrado, mas pela terra de nossos pais. Foge tu com os que não sabem morrer pela pátria; que nas margens do Chrysus ficam os que hão-de perecer com ela! Maldito o godo e cristão que foge para ser servo!

E o cavaleiro apertou de novo as esporas ao possante murzelo.

Não tardou, porém, que o furor se lhe convertesse em tristeza, e que as lágrimas, rebentando-lhe dos olhos, lhe apagassem a maldição que haviam murmurado os lábios. O seu valente cavalo galgava na carreira por cima de cadáveres e de moribundos, de cristãos e de infiéis, e a terra, convertida em brejo de sangue, apenas soava debaixo dos pés do ligeiro animal. Passando por meio dos esquadrões sarracenos, podia dizer-se que o desconhecido se assemelhava ao anjo do Senhor, quando desce por entre os mundos onde habitam os demónios, solitário e temido no império dos filhos das trevas que o odeiam. A fama das suas façanhas tinha-o cercado duma auréola de terror supersticioso, e, quando passava, os guerreiros do deserto apontavam para ele e em voz sumida diziam uns aos outros:

— Ei-lo que vem! ei-lo, o cavaleiro negro!

Mas, porque parou ele, sofreando subitamente o ginete? Que há aí, nessa extensa seara ceifada de homens de guerra, que possa atrair os olhos do mais incansável dos segadores? No sítio em que parou estava, poucas horas antes, hasteada a signa real: era o centro da hoste goda; mas dos que aí pelejavam, uns lá vão ao longe precipitar-se no abismo da ignomínia; outros, os mais felizes, adormeceram do seu último sono no regaço da pátria. O guerreiro fitou os olhos no chão: a foice da morte, passando por ali, cerceara a derradeira esperança do império de Teodorico. O espectáculo que se lhe antolhava era a explicação do terror que se apossara de tantos homens valentes. Fugiam: Roderico, porém, estava aí!, mas retalhado de golpes; mas sem vida! Já não seria debaixo de seus pés que o trono da Espanha se desfaria aos golpes do machado dos árabes. Um ceptro sem dono em Toletum e mais um cadáver junto às margens do Chrysus, eis o que restava do último rei dos Godos! Com a sua morte fenecera ao redor dele a esperança, e com a esperança dera em terra o esforço dos ânimos mais robustos. As alas ignoravam este triste acontecimento e por isso pelejavam ainda.

Mas pouco tardou a ser geral a rota; porque pouco tardou a espalhar-se aquela nova fatal. Um dia bastara para aniquilar o império que durante quatro séculos fora o mais poderoso e civilizado entre as nações germânicas estabelecidas nas diversas províncias romanas. A corrupção dos últimos tempos concluíra a sua obra, e o edifício da monarquia gótica, ainda rico de majestade exterior, mostrara, enfim, desconjuntando-se e desabando, o ferver dos vermes que interiormente o roíam. A Cruz, derribada com ele, só devia tornar a hastear-se triunfante em todos os ângulos da Espanha depois do combater de oito séculos.

Uma parte do exército godo ainda pudera salvar-se atravessando o rio; mas as pontes lançadas na véspera tinham por fim estalado, derivando pela corrente, debaixo do peso dos fugitivos, e as águas devoravam muitos que o ferro havia poupado. Teodemiro, que não perdera o ânimo no meio daquela desventura, alcançara fazer passar à margem oposta as relíquias dos soldados da Bética e os restos de muitas tiufadias de outras províncias. Nos arraiais, os árabes, senhores do campo, saudavam a vitória com o som dos instrumentos bárbaros e com clamores de alegria que iam sussurrar ao longe pelos vales e campos, desertos dos seus moradores. Um homem só combatia ainda daquele lado à beira do rio. Era o cavaleiro negro. Cercavam-no muitos sarracenos, mas de longe, porque os que ousavam aproximar-se dele caíam a seus pés moribundos. Às vezes, como que tentava romper por entre os inimigos, mas era tentar o impossível. No volver dos olhos inquietos para um e para outro lado, parecia buscar descobrir alguma cousa naquele vasto campo onde só descortinava os cadáveres dos vencidos e os vultos ferozes dos vencedores. Por fim, voltando o rosto para a margem oposta, viu flutuar sobre uma eminência o pendão de Teodemiro. Uma expressão fugitiva de contentamento lhe assomou então ao gesto. Despedindo das mãos a borda ensanguentada, que sibilou por meio dos árabes apinhados em volta, o guerreiro arrojou-se à torrente. À luz do Sol que se punha, viu-se--lhe umas poucas de vezes reluzir o elmo, alongando-se pela superfície das águas e desaparecendo por largos espaços. As trevas, que já desciam densas, e a impetuosidade da corrente que o arrastava não permitiram prever-se qual seria a sua sorte. Eurico era a última e tenuíssima esperança que bruxuleava nos horizontes do Império Godo: como estrela cadente que se imerge nos mares, aquele esforço brilhante se desvanecera na escuridão que tingia as águas do Chrysus!

XII

O MOSTEIRO

Se a todos se convertessem todos os membros em línguas, ainda assim não caberia nas forças humanas o narrar as ruínas de Espanha e os seus tão diversos e multiplicados males.

ISIDORO DE BEJA: *Chronicon*

O Mosteiro da Virgem Dolorosa estava situado numa encosta, no topo da extrema ramificação oriental das que a dilatada cordilheira dos Nervásios estende para o lado dos campos góticos. A pouca distância do vale onde se viam as ruínas de Augustóbriga, caminho de Légio, no meio de uma solidão profunda, aquela silenciosa morada de virgens inocentes achava-se convertida em praça de guerra. Edifício sumptuoso, construído no tempo de Recaredo, as suas grossas muralhas de mármore pareciam, na verdade, quadrelas de castelo roqueiro; porque na arquitectura dos Godos a elegância romana era modificada pela solidez excessiva do edificar germânico ou saxónio, que os rudes visigodos do tempo de Teodorico e de Ataulfo haviam introduzido no Meio-Dia da Europa. Os restos dispersos das tiufadias da Galécia tinham-se encerrado em todas as povoações e lugares fortificados ou por qualquer modo defensáveis, e os habitantes dos povoados, acolhendo-se aí com eles, deixavam desertas as suas moradas, incertos do dia em que veriam reluzir ao longe as lanças dos agarenos, que já devastavam o Norte da Lusitânia e parecia encaminharem-se para o lado de Tude. Os muros fortíssimos daquele vasto edifício, as suas portas tecidas de ferro e carvalho, as estreitas frestas, que apenas lhe deixavam penetrar no interior

101

uma luz duvidosa, os tectos ameados e, finalmente, os fossos profundos que o circundavam, tudo o tornava acomodado para larga defensão. Com algumas decanias de veteranos que no meio do terror pudera ajuntar, o quingentário Atanagildo havia-se acolhido aí, e com ele um grande número dos mais abastados habitantes daqueles contornos. Protegido pelas vizinhanças das serras das Astúrias, ainda livres, Atanagildo cria que o mosteiro seria sempre inexpugnável barreira contra a violência e cobiça dos árabes. Entretidos em submeter e pôr a saco as opulentas cidades do Meio-Dia, contentes com as veigas feracíssimas da Bética, da Lusitânia e da Cartaginense e com o sol quase africano que as aquecia, que viriam eles buscar nas brenhas intratáveis e frias da Galécia e da Cantábria! Seriam, apenas, alguns troços dos inquietos e selvagens bereberes os que se derramavam por estas partes; mas, contra esses, eram de sobra os tiros de catapulta arrojados das torres do mosteiro e as cateias e frechas despedidas dentre as ameias que lhe cingiam a fronte, como a coroa de um rei gigante, e que não podiam ser derribadas pelos manguais brutescos, únicas armas dos broncos e seminus montanheses do Atlas.

No centro do imenso edifício erguia-se o templo monástico: peça quadrangular, construída de grossos cantos de mármore, arrancados das pedreiras inesgotáveis que se estendem desde os Nervásios até as cercanias de Légio. No exterior do templo, do meio dum vasto pátio que o rodeava, viam-se negrejar na sua cinta de estreitas celas as vestiduras severas das monjas, cuja oração contínua, quer em comum no santuário, quer na solidão das suas breves moradas, só era interrompida por sono curto, dormido sobre a dura enxerga da penitência. Esta parte do mosteiro era a que elas unicamente ocupavam havia alguns dias. Os seus claustros pacíficos e saudosos, onde nunca soara o ruído tormentoso da vida, onde nunca as dolorosas realidades do mundo haviam penetrado, salvo nos sonhos passageiros e dourados de algum coração mais ardente, restrugiam com o bater das armas, com o amontoar das provisões, com o carpir dos que abandonavam os seus lares, com a violenta e brutal linguagem da soldadesca. No meio daquela vasta mole de pedra, em que os sons discordes reboavam, ecoando soturnos nas arcadas e corredores profundos, o templo, aonde se acolhera a quietação monástica, era como um oásis frondoso e

102

abrigado pelos seus palmares no meio do deserto que o sopro infernal do simum revolve, fazendo redemoinhar nos ares aquele oceano de areia fervente.

Era ao anoitecer de um dia de Novembro. Por entre o nevoeiro cerrado que, alevantando-se do vale vizinho, trepava pela encosta, deixando apenas livres as negras agulhas dos cerros, lá no viso da montanha, divisavam-se a custo as ameias e muralhas à luz baça do crepúsculo, refrangida em céu pardo e húmido. A brisa morna de oeste gemia nos troncos dos castanheiros nus, nas ramas esguias dos pinheiros bravos, e as passadas monótonas dos vigias ao longo dos adarves formavam um concerto acorde com o aspecto melancólico do céu e da terra.

A esta hora duvidosa entre a claridade e as trevas, uma numerosa cavalgada atravessava o ribeiro no fundo do vale e encaminhava-se para o Mosteiro da Virgem Dolorosa. Dez cavaleiros, cujas barbas alvas lhes caíam sobre o peito, saindo por baixo das redes de ferro que lhes serviam de gorjal, rodeavam uma dama cujo rosto ocultava o comprido véu que, pendente do retíolo, lhe descia sobre o alvo amículo, mas cujos meneios airosos e talhe esbelto revelavam nela o viço e as graças da idade juvenil. Seguiam-na alguns pajens desarmados, cujos rostos imberbes já o temor e o desalento que se pintavam em todos os semblantes nesta época desastrada haviam sulcado de rugas. Vadeado o rio, a cavalgada encaminhou-se por uma senda tortuosa que ia dar à entrada do mosteiro, aonde, ao que parecia, desejavam chegar antes que de todo se fechasse a noite. Ao aproximar-se aquela comitiva, os vigias conheceram que eram godos — provavelmente alguns desgraçados que vinham buscar o abrigo daqueles muros fortificados — e as grossas portas não tardaram a abrir-se para recolherem mais esses pobres fugitivos.

Apenas os recém-chegados, atravessando o átrio do fundo portal, saíram à cerca interior, o que parecia mais autorizado entre os velhos cavaleiros pediu para falar a sós com Atanagildo. Levado o ancião à torre onde o quingentário habitava, não tardou este em descer à cerca, no meio da qual, ainda a cavalo e sem erguer o véu, a dama desconhecida esperava rodeada dos seus. Com todos os sinais de respeito, Atanagildo dirigiu-lhe algumas palavras em voz submissa e, tomando a rédea do palafrém, guiou-o para uma porta contígua ao frontispício da igreja. A um sinal seu a porta abriu-se, e um vulto negro de monja apareceu no limiar dela.

O quingentário, tomando pela mão a desconhecida e apresentando-a à monja, disse-lhe:

— Venerável Cremilde, acolhei entre as puras virgens que vos obedecem uma das mais nobres donzelas de Espanha: é por uma noite, apenas, que ela vos pede abrigo; amanhã ao romper de alva partirá para Légio.

— Amanhã ou depois, que importa? — replicou a monja, cujo semblante austero descobria, não tanto a decadência dos anos, como os vestígios da penitência. — Enquanto Cremilde reger o Mosteiro da Virgem Dolorosa, nunca a hospitalidade será recusada nele ao que a implorar. E quando a virtude de nobre donzela tiver um fiador tal como vós, esta achará sempre em mim o carinho de mãe, e nas escolhidas do Senhor, que me alevantaram do meu nada ao tremendo ministério de sua abadessa, encontrará o amor e o gasalhado de irmãs para com irmã querida.

Dizendo isto, a boa abadessa tomou pela mão a desconhecida e, internando-se com ela pelas arcadas que diziam para o interior do edifício, alumiadas escassamente pelas lâmpadas turvas que de espaço a espaço pendiam das abóbadas achatadas, desapareceu aos olhos de Atanagildo.

A noite vai no seu fim: a campa do mosteiro dá o sinal do terceiro nocturno. Subitamente, o santuário ilumina-se, e os vidros multicores jorram nas trevas externas a claridade dos candelabros e tochas, como de dia deixam transudar a luz do Sol no âmbito interior da igreja; este perpétuo de resplendores, que ora descem do céu para a terra, ora tentam, subindo da terra para as alturas, desfazer o manto das trevas. Numa extensa fileira, a cuja frente vem a venerável Cremilde, as monjas entram no coro e, tomando para um e outro lado, param voltadas para o altar. Junto da abadessa uma donzela de trajes brancos sobressai entre as monjas vestidas de negro, não tanto pela alvura das roupas, como pela formosura: e todavia, são formosas muitas das virgens que a rodeiam, pela maior parte ainda no viço da vida. É a nobre dama recém-chegada, à qual nem o cansaço de trabalhosa jornada, nem o hábito dos cómodos do mundo puderam impedir que acompanhasse na oração aquelas que o trato de poucas horas já lhe fazia amar como irmãs. Cremilde prostra-se com a face no chão; as monjas e a dama vestida de branco seguem o seu exemplo. Através desses lábios inocentes que beijam o pavimento do templo murmuram durante alguns instantes as orações submissas. Depois, a abadessa ergue-se, e pouco a pouco aqueles semblantes, que cobrem uma palidez de inefável repouso e brandura, vão-se alevantando da terra, com os olhos voltados para o céu, semelhantes aos de anjos de mármore ajoelhados em roda de um túmulo, que surgissem pouco a pouco animados por vida repentina e, cheios de saudade da morada celeste, enviassem aos pés do Senhor o seu primeiro suspiro. Então a salmista começa a entoar um dos hinos sacros do presbítero de Carteia que havia pouco se tinham introduzido no ritual gótico, e as demais monjas respondem em coros alternos. O hino dizia assim:

«As asas da tua providência, oh Senhor, expandem-se por cima da terra, e o justo desgraçado acolhe-se debaixo delas:

Porque aí moram os santos contentamentos; esquecem as dores da vida; vive-se à luz da esperança.

Confiado em ti, o fraco afronta as tiranias do forte; o humilde ri das soberbas do poderoso.

Quem revelou aos pequeninos e opressos esta divina guarida? Quem nos ensinou a esperar? Quem a ser feliz pela fé no meio das agonias?

Foi Cristo, o teu filho querido. A tua justiça condenava à dor o género humano, ainda no berço: ele nos conquistou para a felicidade no meio dos tormentos da Cruz.

Nós tomaremos, também, esta em nossos ombros: ela é a guia da bem-aventurança.

O seu peso é suave: porque sob ela os espinhos da existência que ensanguentam os membros do peregrino sem repouso, chamado o homem, convertem-se em prado macio de relva e boninas.

Que reine para sempre a Cruz!

Erguei-a sobre todos os píncaros das serranias, gravai-a em todas as árvores dos bosques, hasteai-a sobre as rochas marítimas, estampai-a nas muralhas das cidades, na fronte dos edifícios, apertai-a ao coração.

E depois, que o género humano se prostre e adore nela a redenção que nos trouxe o Ungido de Deus.

A Cruz triunfará eterna!»

Neste momento aquelas vozes harmoniosas cessaram, como se de súbito nos lábios de todas as monjas se houvesse posto o selo da morte. A porta do templo, aberta com violento impulso, rangera nos gonzos, e um velho ostiário viera cair de bruços sobre as lájeas do pavimento, soltando o grito doloroso que por tantos milhares de bocas diariamente se repetia na Espanha: — Os árabes!

As vozes confusas dos vigias, misturadas com o tinir do ferro, responderam, como uivar de feras, às palavras do ostiário: as faces pálidas das virgens empalideceram ainda mais.

A alvorada começava a repintar na terra a claridade do Sol, escondido ainda no Oriente. Os godos, com as armas nas mãos, coroavam as ameias. Do alto de uma das torres Atanagildo observava a campanha, e a fronte entenebrecia-se-lhe com um véu de tristeza.

Naquela noite muitos nobres senhores de terras tinham chegado ao mosteiro, vindos da banda de Légio. Um numeroso exército de árabes aparecera subitamente na véspera junto aos muros da cidade, que logo fora acometida pelos pagãos. Era o que sabiam. Fugitivos desde o aparecimento dos inimigos, ao anoitecer haviam enxergado para aquela parte um clarão grande e duradouro. Se eram as fogueiras dos arraiais árabes, se o incêndio de Légio, não o podiam resolver: só, sim, que seria impossível resistir por largo tempo cidade tão mal defendida a tamanha cópia de infiéis, que não tardariam a derramar-se para o lado do mosteiro, prosseguindo nas suas devastadoras conquistas pela Galécia e pela Tarraconense.

Era esta triste profecia dos fugitivos que se tinha verificado ao romper da manhã. Atanagildo, do alto da torre principal, vira ao longe um vulto negro que descia dos outeiros, onde já alumiava tudo a luz matutina. Esse vulto assemelhava-se a serpe monstruosa que, rolando-se do monte para a planície em colos tortuosos, se lhe reflectissem nas duras conchas os raios solares; porque naquele corpo gigante havia um contínuo e rápido cintilar. Atanagildo percebera o que era, e por isso a tristeza lhe obscurecia a fronte.

Como a faísca eléctrica, o terror espalhara-se no mosteiro apenas se dissera que os árabes se aproximavam. Mais de um coração de guerreiro batia apressado, como o do pobre ostiário que buscara na piedade de Deus o amparo que mal podia esperar das muralhas do forte edifício; do pobre ostiário, que, sem o saber, fora desmentir o hino triunfal da Cruz, diariamente derribada dos altares nos templos profanados da Espanha.

Dentro em breve, o exército do Islame chegara a tão curta distância que facilmente se distinguiam os esquadrões dos filhos do deserto e as turmas dos bereberes. Também os árabes tinham observado o reluzir das armas através das ameias do mosteiro. A hoste inteira parou no vale, e alguns cavaleiros encaminharam-se pela senda tortuosa que findava na ponte levadiça contígua ao grande portal, erguida desde que pelos fugitivos constara que os muçulmanos se avizinhavam.

Quando o quingentário conheceu que os árabes paravam no fundo do vale, o seu coração generoso verteu sangue com a lembrança de que todo o esforço dos soldados que coroavam os adarves do mosteiro, por muito que houvera sido, não fora bastante para salvar os desgraçados que tinham buscado abrigo à sombra daquelas muralhas. Viu o desalento pintado nos semblantes dos mais valorosos, e a última esperança varreu-se-lhe da alma. Todavia, esperou com rosto seguro a chegada dos cavaleiros que subiam a encosta.

Estes aproximaram-se, enfim. Pelo seu aspecto e trajo via-se que na maior parte eram godos. Com as espadas nas bainhas, pareciam vir em som de paz: também, por isso, nem uma frecha só se disparou contra eles dos muros.

Pouco antes de chegarem ao fosso profundo que circundava o edifício, um cavaleiro que parecia o principal daquele pequeno esquadrão, adiantando-se aos demais, veio topar com a entrada da ponte e, olhando para as muralhas, onde reluziam imóveis as lanças dos cristãos, chamou:

— Atanagildo!

Ao ouvir aquela voz o quingentário empalideceu: com visível ansiedade, voltou-se para um centenário que estava junto dele e disse-lhe:

— Mandai descer a ponte e dai passagem franca a esse cavaleiro que proferiu o meu nome; mas a ele, unicamente a ele!

O centenário obedeceu. Daí a pouco as armas do guerreiro tiniam pelas escadas da torre. Apenas subiu ao terrado, encaminhou-se para Atanagildo e, estendendo-lhe a dextra, exclamou:

— Meu irmão!

O quingentário, em cujas faces pálidas passara um relâmpago de vermelhidão, recuou e, com voz afogada, respondeu:

— Atanagildo teve um irmão; mas esse morreu para ele; porque entre ele e Suíntila está a Cruz quebrada aos pés dos pagãos; está o Céu e o Inferno. A minha herança é a ignomínia do vencimento, os ferros de escravo e as promessas de Cristo: a tua, as riquezas, a vitória e a maldição de Deus. Não troco os nossos destinos, nem quero a amizade do precito. Arrepende-te, abandona os infiéis, e então Atanagildo te apertará ao peito e te dará aquele nome tão suave da nossa infância, o santo nome de irmão.

— Estás louco!... — replicou Suíntila. — Porém, não foi para disputar contigo que vim aqui: vim para te salvar. Olha para o vale: àquela hoste numerosa que lá vês poucas horas poderão resistir estes muros mal guarnecidos. Abdulaziz, o invencível filho do amir de África, é quem a capitaneia: Légio caiu ontem em nosso poder, e de parte nenhuma podes ser socorrido. O bispo de Híspalis e o conde de Septum, que vêm connosco, oferecem-te o mando de um dos seus esquadrões. Os árabes pedem aos godos que os seguem fidelidade ao estandarte do califa, não à crença do Islame: podes guardar tua fé. Eis o que Suíntila alcançou a teu favor. Estas velhas muralhas e as donzelas encerradas nestes claustros, que Abdulaziz soube serem pela maior parte formosas e que ele destina para enviar a Kairwan, são o vil preço da tua salvação. Suíntila aconselha-te que o entregues; porque, apesar das injúrias, ainda se não esqueceu de que é irmão de Atanagildo. Resolve e responde. Que devo dizer a Juliano e a Opas, a quem supliquei para ser mandado aqui?

— Dize-lhes — atalhou o quingentário, cujos olhos faíscavam de indignação — que eu respeito a vida de um arauto, ainda quando este é um miserável renegado, como tu ou como eles, aliás não fora Suíntila quem lhes levaria a minha resposta. Dize-lhes que as suas infames ofertas são para mim tão abomináveis como eles. Dize-lhes que antes de um sacerdote sacrílego e de um conde traidor poderem estampar o ferrete da prostituição na fronte das inocentes virgens do Senhor terão de passar por cima das ruínas destes muros e dos cadáveres dos meus e dos seus soldados. E tu, renegado, sai daqui! Possa eu nunca mais ver-te o rosto e esquecer-me na hora de morrer de que nessas veias gira o sangue de nossos nobres e generosos avós.

— Como te aprouver, meu irmão! — replicou Suíntila, e um sorriso lhe deslizou nos lábios, descorados por mal disfarçada cólera. Proferidas estas palavras, desceu as escadas da torre.

A cavalgada, que lenta subira a encosta, descia-a rapidamente enquanto Atanagildo, visitando os muros, exortava os guerreiros da Cruz a pelejarem esforçadamente. Quando estes souberam quais eram as intenções dos árabes acerca das virgens do mosteiro, a atrocidade do sacrilégio afugentou-lhes dos corações a menor sombra de hesitação. Sobre as espadas juraram todos combater e morrer como godos. Então o quingentário, a quem parecia animar sobrenatural ousadia, correu ao templo. Era necessário que as monjas soubessem qual futuro as aguardava. Resignado a acabar defendendo-as, Atanagildo nem por isso esperava salvá-las das mãos dos agarenos. Dolorosa era a nova; mas cumpria não lhes esconder o seu horrível destino.

As mulheres e os velhos que tinham vindo buscar asilo no mosteiro enchiam já o templo, em cujas abóbadas murmuravam e repercutiam os gemidos e as preces. Rompendo pela multidão, o quingentário encaminhou-se para o coro e chamou por Cremilde, que com as monjas acompanhava o povo nas suas orações fervorosas. A abadessa aproximou-se das reixas douradas que a separavam do guerreiro.

— Cremilde — disse Atanagildo em voz baixa —, é necessário valor! Dentro de poucas horas sobre os muros do Mosteiro da Virgem Dolorosa estará hasteado o pendão dos infiéis, e eu terei deixado de existir, porque jurei sobre a cruz desta espada ficar sepultado debaixo das ruínas dele. O exército dos árabes é irresistível, e a única esperança que me resta é que o Senhor aceitará o meu sangue, derramado em seu nome, como um testemunho da minha fé.

— Os infiéis — acudiu a abadessa, procurando dar às palavras que proferia um tom de firmeza que o trémulo da voz lhe desmentia — contentar-se-ão, talvez, com as riquezas aqui amontoadas imprudentemente e com a posse destes lugares. Se é isto o que pretendem, saiamos e cedamos ao culto ímpio de Mohammed o templo de Deus vivo, já que para o salvar seria inútil todo o sangue que se vertesse. Com as virgens esposas do Senhor buscarei os ermos das serras do Norte, e, como as monjas primitivas, aí acharemos a paz e o repouso, enquanto o pai celestial nos não chama à nossa verdadeira pátria.

— Prouvera a Deus, venerável Cremilde — tornou o quingentário —, que nos fosse lícito desamparar estes muros: deixar só entregues às profanações dos infiéis a pedra e o cimento! Mas uma atroz mensagem acaba de me ser mandada por quem, como eu, devia horrorizar-se dela. Repeli-a, porque se me ofereciam vida e honras a troco de perpétua infâmia. Agora resta-me unicamente morrer como godo e como soldado da Cruz.

— E qual era essa mensagem? — perguntou a abadessa ansiosamente. — Em nome de quem vinha ela?

— Do bispo de Híspalis e do conde de Septum; de um sacerdote e de um nobre. O preço da nossa liberdade era a prostituição das vossas filhas queridas, das monjas consagradas à Virgem Dolorosa, que esses mal-aventurados destinam para saciar as paixões brutas daqueles a quem venderam a terra de Espanha. Para o obter cumpre-lhes, porém, passar por cima dos membros despedaçados dos guerreiros que povoam estas muralhas. Pela Cruz assim o jurámos todos. Havemos de cumpri-lo.

As palavras de Atanagildo vibraram no coração de Cremilde, como vibra o primeiro dobre pelo finado que ainda jaz em seu leito da derradeira agonia na alma do bom filho, que reza, chorando, ajoelhado ao pé dele. Recuou aterrada e, volvendo para o céu os olhos enxutos, porque a aflição neles estancara as lágrimas que despontavam, ficou por alguns momentos com as mãos erguidas, como implorando uma inspiração de cima. Pouco a pouco, porém, as suas faces tingiram-se da cor da vida, o sorriso da esperança rodeou-lhe os lábios, e as lágrimas, consolo supremo das maiores mágoas e, também, expressão eloquente dos contentamentos mais íntimos, lhe rebentaram com força e lhe orvalharam a negra estamenha do hábito.

— O martírio! o martírio! — murmurou a abadessa. — Oh Cristo! bendito seja o teu nome.

— O martírio, sim — interrompeu o quingentário —, mas depois do sacrilégio; mas depois que as vítimas da corrupção dos traidores tiverem sido arrastadas para longe da Espanha e depois que nos haréns do Oriente houverem sido poluídas pela sensualidade brutal dos conquistadores. Eu, ao menos, não verei esta última ofensa à santa religião de nossos pais...

— Ide — prosseguiu a abadessa, que parecia não o haver escutado, embebida em meditação profunda. — Quando os infiéis se aproximarem, enviai-lhes mensageiros de paz. Que vos deixem acolher às montanhas com essa multidão de infelizes que vieram buscar o abrigo destes muros. Não cureis das monjas da Virgem Dolorosa, nem receeis por elas. Achei um meio para as salvar da sorte medonha que as ameaça. Desamparai-nos; porque o arcanjo do esforço é o nosso defensor. O meu arbítrio será aceito pelas escolhidas de Cristo; sê-lo-á, porque o Senhor mo inspirou. Nada mais é preciso dizer-vos.

E, de feito, o seu olhar e gesto eram de uma inspirada: mas nesse olhar e gesto havia o que quer que era de severa aspereza misturado com alegria suave, como em céu que varre o noroeste as nuvens tenebrosas remendam o azul puríssimo do firmamento, donde, por entre elas, jorram torrentes de luz.

— Mas o juramento? — tornou tristemente o quingentário.
— Devo respeitar o vosso segredo; todavia parece-me lícito duvidar da eficácia dos meios que imaginais para vos salvardes das mãos dos muçulmanos.

— O vosso juramento é inútil — acudiu Cremilde — e eu vos escuso dele. A resistência só servirá para arrastardes convosco à morte os velhos inermes e as criancinhas inocentes. Ide, e abri pacificamente as portas aos pagãos. Se tanto é preciso, eu vo-lo ordeno. Atanagildo, um dia nos veremos no céu.

Ditas estas palavras com toda a firmeza de resolução inabalável, a abadessa afastou-se da reixa e encaminhou-se para o meio das freiras, que, entretanto, haviam estado imóveis com os olhos cravados no pavimento. O quingentário ficou por alguns momentos pensativo: depois, agitado pela luta cruel dos afectos e pensamentos opostos que tumultuavam no seu coração, atravessou vagarosamente o templo e desapareceu.

A um sinal de Cremilde as monjas saíram do coro; a donzela vestida de branco, ao lado da venerável abadessa, apertava-lhe a mão entre as suas: mas os seus meneios eram firmes como os dela e

111

mais do que os dela altivos. Desde que a última freira passou, as preces misturadas de soluços que sussurravam na igreja converteram-se num som único de choro perdido, como se a última esperança houvera desaparecido com elas.

A campa do mosteiro bateu três pancadas com largos intervalos: é o sinal que convoca as monjas a capítulo. Para lá se encaminham. A donzela que nessa noite chegara acompanha-as, também, aí. Entraram. As pesadas portas da casa capitular rangem nos gonzos cerrando-se, e o correr dos ferrolhos interiores reboa ao longe pelos corredores monásticos. Ao mesmo tempo a ponte levadiça cai sobre o fosso que rodeia as muralhas do vasto edifício: um cavaleiro se arroja sozinho ao meio dos esquadrões do Islame, que já subiram a encosta, e pede para falar com o conde de Septum em nome de Atanagildo. Dentro de poucos instantes ei-lo que volta, e os muçulmanos param a curta distância. Então um grande número de crianças, de velhos e de mulheres, saindo, como torrente comprimida, do portal profundo do mosteiro, atravessam por meio das duas fileiras de soldados de Juliano e de guerreiros árabes que vieram colocar-se aos lados da ponte. Esta multidão desordenada ondeia, separa-se, apinha-se de novo, para tornar a espalhar-se, até que desaparece ao longe, caminho das montanhas. Após ela, cobertos dos seus saios de malha, mas sem armas, os soldados de Atanagildo seguem com gesto melancólico as mesmas trilhas por onde se vai escoando a turba, até que também, como esta, se derramam pelas selvas densas dos montes e pelos barrancos escarpados que, retalhando os Nervásios, dão passagem através deles para as regiões setentrionais da Espanha.

Apenas o quingentário, que fora o derradeiro a atravessar a ponte levadiça, volvendo os olhos arrasados de lágrimas para aquela santa morada, desceu a encosta, as duas fileiras de soldados arremessaram-se ao fundo portal, cujas abóbadas pela primeira vez reboaram com os gritos discordes de homens desenfreados, e o edifício solitário respondeu-lhes com um silêncio lúgubre. Diante deles estavam patentes as vastas arcarias e escadas, os longos corredores, os pátios espaçosos. Lá, no centro, o templo solitário, com as portas abertas de par em par, amostra-lhes aos olhos ávidos as suas riquezas, ao passo que parece querer vedar ao Sol, com as cores sombrias das vidraças das janelas, o espectáculo das profanações de que na sua existência secular vai ser teatro e testemunha pela primeira vez.

Como o tufão rugindo se abisma nas galerias tortuosas de mina extensa, assim os godos renegados e os muçulmanos, que os seguem de perto, se precipitam dentro do mosteiro. Pelas arcadas e corredores, pelas salas e aposentos ouve-se o rir e falar desentoado, o ruído de passadas rápidas, o tinir das armas, o estourar das portas. Árabes, mouros, soldados godos da Tingitânia misturam-se, disputam, ameaçam-se, dividindo o saco. Os xeiques[23] e os capitães do conde de Septum vedam-lhes unicamente a entrada das habitações interiores, onde a riqueza do templo lhes promete à cobiça mais avultada presa. Eles sós se encaminham para essa parte e desaparecem nos claustros monásticos, onde não se ouve outro sinal de vivos, senão o som de seus pés e, a espaços, o tinir das próprias armaduras, que roçam pelos pilares de mármore.

Suíntila, o desonrado irmão do virtuoso Atanagildo, era do número dos capitães que haviam primeiramente penetrado no claustro solitário. Tinha-se adiantado mais e descia por uma escadaria lôbrega que terminava, segundo parecia, numa quadra alumiada por muitas tochas. Esta circunstância, que lhe excitava viva curiosidade, obrigou-o a apertar o passo. A meia descida parou. Crera ouvir um cântico entoado por muitas vozes acordes, que a espaços era interrompido por gemidos dolorosos. Escutou: não se enganava! Então o terror começou a apossar-se dele, e, porventura, teria retrocedido, se não sentira que alguém mais o seguia. Eram dois xeiques árabes e um centenário do conde de Septum que o acaso guiara para aquela parte. Interposto entre o clarão avermelhado que saía do subterrâneo e os três que se aproximavam, Suíntila fez-lhes sinal de silêncio e continuou a descer mansamente até chegar à porta que dava da escadaria para o aposento iluminado. Então conheceu onde estava. Era um desses lugares misteriosos e santos que a primitiva arquitectura religiosa construía debaixo dos templos — templos também, mas da morte; porque aí, sobre os altares, repousavam as cinzas dos mártires, e aos pés deles os fiéis que obtinham para última jazida uma pouca de terra onde ainda fossem afagar-lhes as cinzas o sussurro longínquo das preces e o perfume dos sacrifícios. Suíntila achava-se

113

na cripta do Mosteiro da Virgem Dolorosa. O clarão que vira era o de muitos lumes, acesos em lampadários gigantes, e reverberando nas estalactites penduradas das junturas do mármore: era o reflexo das tochas que ardiam diante dos crucifixos, únicas imagens que se viam sobre as aras nuas. Em cada um dos túmulos das monjas antigas, enfileirados ao comprido dos muros, negrejavam apenas uma data e um nome. Era o que restava para memória de muitas virtudes naqueles anais do mosteiro, naquela cronologia de pedra. O sepulcro da viúva de Hermenegildo, o desgraçado irmão de Recaredo, elevado mais que os outros à entrada do templo subterrâneo, semelhava um trono de rainha em palácio de sombras, porque o ambiente grosso e frio e o hálito das sepulturas revelavam que aí era o império da morte.

As torrentes de luz que inundavam esta morada de terror não permitiram a Suíntila enxergar no primeiro volver de olhos os objectos que estavam ante ele. Espantado, tentava descobrir no meio daquela resplandecente solidão algum vulto humano, quando os cantos e gemidos, suspensos momentaneamente, romperam de novo: primeiro as vozes harmoniosas; depois o gemido íntimo, doloroso, afogado; logo outra vez o silêncio.

Os dois xeiques e o centenário tinham chegado ao pé de Suíntila. Animados uns pela presença dos outros, encaminham-se para o grande túmulo e dali olham para o lugar donde haviam soado os cânticos. Eis o temeroso espectáculo que têm diante de si:

Grossos e altos cancelos de roble separam do resto do templo um extenso recinto sem sepulcros, imediato ao altar principal: ergue-se no topo cruz agigantada: por um e outro lado daquele espaço além das grades negrejam duas fileiras de monjas: muitas estão de joelhos e debruçadas sobre o primeiro degrau do altar: em pé, entre as duas fileiras, uma delas, cujos olhos desvairados reluzem à claridade das tochas e cujo aspecto severo infunde uma espécie de terror, tem na mão um punhal, cujo ferro sem brilho parece tinto em sangue. Junto da monja um vulto de mulher vestida de branco sobressai no meio das virgens cobertas de luto: unido às grades que defendem a entrada daquele recinto, um velho, cujas melenas e longa barba lhe alvejam sobre os ombros e peito, está de joelhos com os braços estendidos através da balaustrada: agita-o uma convulsão horrível de pavor, que lhe embarga

114

na garganta os sons articulados e só lhe consente murmurar um ruído confuso, semelhante ao respiro ansioso de agonizante. Um dos dois coros de freiras começa a entoar de novo os salmos: a monja do punhal estende a mão, ordenando silêncio. Vai falar. Suíntila, a ponto de arremessar-se para aquele lado, pára e escuta as suas palavras. São lentas e lúgubres, como as de espectro que se alevantasse de alguma das campas derramadas ao longo da cripta. Dirige-as ao vulto branco que está a seu lado:

— Ainda uma vez, nobre dama, atendei às súplicas do velho bucelário[24]que tenta salvar-nos. Para vós há esperança na terra: a nossa mora no céu. Quando os infiéis souberem que ainda existe na Espanha quem possa quebrar com ouro o vosso cativeiro ou vingar com ferro a vossa afronta, respeitarão a pureza de nobre virgem. A nós, que não temos ninguém no mundo, restava-nos unicamente o tremendo arbítrio que o Senhor nos inspirou. O martírio não tardará a cingir-nos a fronte duma auréola de glória: os anjos de Deus nos esperam.

— A minha última resolução, venerável Cremilde, é acabar junto de vós e de nossas irmãs. O meu ânimo sairá, como o delas, ileso da última prova que Cristo nos pede na vida. Como elas, darei sem hesitar testemunho da Cruz. O velho bucelário de meu pai mente à própria consciência quando afirma que os infiéis respeitarão a pureza de uma donzela goda: a infâmia tem sido escrita por eles na fronte das famílias mais ilustres da Espanha: o cutelo ou a prostituição é o que os árabes oferecem à inocência. Eu escolho o cutelo: a morte vale mais que a desonra. Porventura, para a evitar me guiou o Senhor ao Mosteiro da Virgem Dolorosa.

— Seja feita a vontade do Altíssimo — respondeu a abadessa alevantando ao céu as mãos, entre as quais apertava o punhal.

Depois de um momento de silêncio, Cremilde disse, voltando--se para o lado esquerdo:

— Hermentruda, aproximai-vos!

Uma das monjas saiu dentre as outras e veio ajoelhar aos pés da abadessa: as suas companheiras ajoelharam também voltadas para o altar; e o hino que Suíntila ouvira ao descer para a cripta murmurou de novo naquelas curvas abóbadas.

Como lá no horizonte o Sol trémulo e sereno se reclina ao fim da tarde no seio tenebroso dos mares, assim o canto melancólico e

115

melodioso das virgens foi pouco a pouco enfraquecendo até expirar no cicio de orações submissas. Apenas cessou de todo, um gemido de agonia agudo e rápido soou junto da abadessa. Aos olhos de Suíntila afigurou-se que o punhal de Cremilde descera duas vezes sobre a monja que estava a seus pés. Um brado de cólera e horror, saindo involuntariamente da boca do godo, restrugiu pelo templo. Crera o renegado que Hermentruda havia sido assassinada. Pareceu-lhe então claro o sentido das palavras misteriosas que ouvira. As monjas fugiam ao cativeiro do harém pelo ádito do sepulcro. Ele assistia a uma cena horrenda de suicídio, e o braço mais robusto de Cremilde apenas era o instrumento cego movido por todas essas vontades, conformes para morrer.

— Mulher ou demónio, detém-te! — bradou Suíntila, correndo com os xeiques e o centenário para o recinto fechado e procurando abrir os fortes cancelos que lhe embargavam os passos.

Embebidas no seu drama cruel, nem as monjas, nem Cremilde volvem sequer os olhos para os quatro guerreiros, cujas armas reluzem ao fulgor das tochas. Hermentruda não está morta. Ergueu-se. Tem a cabeça descoberta, os louros cabelos esparzidos, o colo nu. Bem como o aspecto do formoso arcanjo de luz no dia em que, rebelde, a espada de fogo lhe estampou na fronte a condenação eterna, o seio e o rosto da monja, suavemente pálidos, estão sulcados por betas escuras, que serpeiam por aquele gesto como as víboras estiradas ao sol sobre um busto grego tombado entre as ruínas de antigo templo pagão. É que, semelhantes ao nordeste frio e agudo, que, passando pela bonina viçosa, lhe desbarata os encantos, os fios do punhal de Cremilde correram por lá violentos e rápidos, e num momento aniquilaram a formosura da virgem.

As grades fechadas interiormente balouçam aos empuxões de Suíntila: mas não cedem.

— Ocba — diz o godo a um dos xeiques —, correi! Chamai os mais robustos zenetas e os negros de Tacrur armados dessas achas a cujo primeiro golpe nunca resistiu elmo de bronze. Prestes! chamai-os aqui; Abdulaziz deve ter chegado. Que venha! Mulher infernal lhe vai destruindo peça a peça os despojos mais ricos, os que ele destinava para si e para o califa. Que venha salvá-los! Que venha! Prestes, xeique de Hoara!

E, enquanto o xeique galga a extensa escadaria, os três tentam muitas vezes fazer estourar os grossos ferrolhos, que resistem às suas diligências. Arquejando, Suíntila abandona a tentativa inútil. Ameaça Cremilde: as injúrias acompanham as ameaças; seguem--nas as súplicas, as promessas, e logo, de novo, as pragas e as afrontas. Baldado é tudo. Cremilde lançou ao renegado um olhar de compaixão e conservou-se em silêncio.

Mas os cânticos cessaram de todo: as monjas saem sucessiva-mente de ambos os lados e vêm ajoelhar aos pés da abadessa: vêm despir as galas da formosura e comprar à custa delas a pureza da virgindade e a palma do martírio. Cada vez mais rápido range o punhal nos colos puríssimos das virgens do mosteiro. O gemido que expira comprimido pela constância, já se prende com o que a dor e a fraqueza mulheril arrancam do seio das vítimas ao descer do primeiro golpe, e a fileira das que se vão debruçar sobre os degraus do altar cresce de instante a instante, ao passo que rareiam as outras duas.

A terrível sacerdotisa parou. Está o seu braço cansado de tão largo sacrifício? Não! Braço e ânimo são robustos, porque os forta-lece o espírito do Senhor. É que o momento supremo da morte se aproxima. A mourisma jorra subitamente pelo portal estreito, como o rio caudal na caverna que se lhe estendia debaixo do leito e cuja abóbada fendeu tremor de terra. Os guerreiros negros das tribos de Tacrur, à voz de Abdulaziz que os precede, precipitam--se contra os sólidos cancelos do lugar vedado: vinte machados ferem a um tempo nas grades, que gemem sob a fúria dos golpes e mal resistem às pancadas violentas dos negros possantes, aos quais redobra os brios a presença do amir, cuja cólera resfólega em maldições e blasfémias.

Entre as monjas e os árabes bem curta distância medeia: e todavia, lá no mais pequeno recinto, onde soam os gemidos de dores atrozes, onde só ri uma esperança, a da morte, há paz íntima, há o céu; aqui, na vasta cripta, onde a ebriedade de fácil triunfo, a riqueza dos despojos, o futuro de uma larga existência de glória e deleites sorriem na mente dos infiéis, está o furor insensato, está o inferno. O Evangelho e o Corão estão frente a frente no resultado das suas doutrinas. É sublime a vitória do livro do Nazareno!

Os golpes de machado redobram: os troncos afeiçoados do roble começam a estourar nas suas junturas. A última freira fora já curvar-se junto aos degraus do altar; a donzela vestida de branco vai ajoelhar aos pés de Cremilde, exclamando:

— Para mim também o martírio! Salvai-me do opróbrio!

— A tua constância, filha, na dura prova de agonia por que tens passado te purificou. Sê uma das monjas da Virgem Dolorosa e vai com tuas irmãs receber a coroa de mártir.

O ferro, porém, que descia sobre o colo da donzela foi cair com a mão de Cremilde aos pés da cruz gigante do altar. Um revés do alfange de Abdulaziz lha cerceara: as sólidas grades estavam despedaçadas.

A abadessa vacilou e, ao cair, só pôde murmurar:

— Jesus, recebe a minha alma!

Foram as suas palavras extremas: um segundo golpe lhe atalhou na garganta o derradeiro suspiro.

As freiras ergueram-se e encaminharam-se para o lugar em que jazia o cadáver destroncado da abadessa. Ajoelharam junto dela com a face voltada para a turba dos infiéis. Os seus rostos inchados, e manando sangue, eram disformes e horríveis.

— Ao menos, tu serás minha! — exclamou o amir, lançando a mão ao braço da donzela vestida de branco, a quem o terror desta cena rapidíssima tornara imóvel, como uma dessas estátuas que parecem orar sobre os sepulcros nas catedrais da Idade Média. — Filhos valentes do Sudão, conduzi-a à minha tenda. As outras, que as asas do anjo Asrael se estendam sobre os seus cadáveres.

Daí a poucas horas a cripta estava em silêncio. As monjas da Virgem Dolorosa jaziam degoladas em volta da venerável Cremilde, e as suas almas puras abrigavam-se no seio imenso de Deus[25].

XIII

COVADONGA

Ao sopé daquele monte um penhasco defendido pela natureza e não por arte, dilatando-se vasto, resguarda uma caverna inteiramente inexpugnável para qualquer ardil de inimigos.

MONGE DE SILOS: *Chronicon.* C. 3

A vitória do Chrysus assegurara aos árabes a conquista da Espanha inteira, porque o desalento entrara em todos os corações, e o terror quebrara todos os brios. O duque de Cantábria, Pelágio, fora o único em cuja alma não morrera inteiramente a esperança. Errante pelos cerros quase inacessíveis que se elevam no extremo oriental da Galécia e que, passando ao norte da Cartaginense, vão entroncar-se no vulto gigante dos Pirenéus, o mancebo não dobrara a cerviz ao fado cruel que pesava sobre seus irmãos. Poucos o haviam seguido naquela vida quase selvagem: mas esses poucos eram homens a quem a aura da liberdade parecia a única atmosfera em que seus pulmões robustos poderiam resfolegar; homens a cujos olhos as afrontas da cruz derribada do cimo das catedrais seria espectáculo incrível e insuportável. Uma caverna servia de paço ao jovem rei das montanhas e de templo ao Crucificado. Os domínios de Pelágio eram as serranias e os vales profundos onde, porventura, até então nunca soara a voz humana. O urso ferocíssimo, o javali indomável, a leve corça abasteciam a grosseira mesa desses godos a quem a desgraça e a vida dura das solidões

119

fizera mais feros, mais indomáveis e mais ligeiros do que eles. Às vezes, Pelágio e os seus soldados desciam das montanhas para largas correrias, semelhantes à tempestade nocturna, e, como a tempestade, passavam pelas tendas dos árabes ou pelas aldeias, despovoadas de cristãos, onde os infiéis começavam a fazer assento. Alta noite ouvia-se aí um gemer de moribundos, via-se o brilhar do incêndio. Era o bulcão do deserto que rugia por lá. Ao amanhecer tudo estava tranquilo; porque, bem como a procela, Pelágio era repentino e destruidor, e só escrevia na terra com os caracteres sanguinolentos de ruínas e mortes a notícia da sua quase invisível passagem.

Não assim Teodemiro. Depois da batalha, os restos das tiufadias desbaratadas haviam-no proclamado sucessor de Roderico. Era de ferro e de espinhos a coroa que se lhe oferecia sobre a campa do Império Godo. Aceitou-a; porque em aceitá-la havia mais abnegação que orgulho. Enquanto Táriq, rendida Toletum, subjugava uma parte da Cartaginense, Musa, o amir de África, desembarcando nas costas da Espanha com um novo exército, rendia Híspalis e, atravessando o Ana, submetia ao jugo do califa todo o Ocidente da Península Ibérica. As relíquias do exército godo, que não haviam podido resistir a Táriq, muito menos poderiam impedir a passagem do amir. Assim, Teodemiro, ajuntando esses soldados dispersos, acolhera-se às serranias de Ilípula, na extremidade oriental da Bética. Musa, porém, enviara contra ele seu filho Abdulaziz, um dos mais famosos guerreiros do Islame. Apesar da superioridade do exército árabe, a luta fora longa e terrível. Teodemiro sucumbira por fim; mas, posto que vencido, o seu valor obrigara os muçulmanos a concederem-lhe vantajosas condições de paz. Os vastos domínios que ainda possuía foram-lhe conservados, reconhecendo ele a supremacia do amir, e os Godos puderam, ao menos nesse canto da Bética, achar uma parte da segurança e repouso que faltava no resto da Espanha, onde o alfange da conquista assinalava todas as frontes com o ferrete da servidão e reduzia a montões de ruínas as cidades, nas quais o espírito do cristianismo e da liberdade ousava relutar contra o domínio do califa e contra a religião do Corão.

Teodemiro reinou largo tempo nos distritos orientais da Bética, mas abandonado pelos mais nobres guerreiros, para quem a paz com os infiéis seria incomportável desonra. As montanhas das Astúrias eram o verdadeiro e único refúgio da independência goda. Em volta de Pelágio ajuntavam-se todos os homens esforçados que não tinham ainda desesperado da Providência e da própria espada. Muitos deles adormeceram para sempre nas solidões daqueles agrestes esconderijos, sem que vissem verificar-se as suas esperanças; outros, porém, saudaram ainda a aurora do dia da vingança e puderam dizer, morrendo: «A Espanha será salva!»

Era passado um ano depois da batalha do Chrysus. O número dos companheiros de Pelágio aumentava diariamente com os homens generosos que, depois da paz de Teodemiro com os árabes, deixavam este, para salvarem a sua independência nos fraguedos das Astúrias e da Cantábria. Esses contínuos socorros fortaleciam a constância do moço guerreiro, que via crescer e sussurrar a torrente dos invasores em volta das suas montanhas. Abdulaziz, o valente filho de Musa, subjugara a Lusitânia e a Cartaginense e, saqueando as cidades opulentas do Norte que lhe abriam as portas, metia a ferro e fogo as que tentavam resistir-lhe. Os rolos de fumo que se alevantavam das povoações incendiadas mostravam aos cavaleiros de Pelágio que já pelos campos góticos flutuava triunfante o estandarte de Mohammed. Rugindo de cólera ao contemplarem este espectáculo, apertavam contra o peito a cruz das espadas. Então, sentiam escorregarem-lhes as lágrimas pelas faces tostadas, e descer-lhes com elas aos seios da alma a resignação e a esperança na piedade de Deus.

Debaixo de semblante severo, mas sereno, Pelágio sabia esconder a amargura que lhe trasbordava do coração. No viço da juventude, o espírito lhe encanecera em meio dos dolorosos sucessos da sua ainda tão curta vida. A todas as mágoas comuns se lhe acrescentavam outras particulares, porventura mais pungentes. A maior parte dos seus companheiros haviam trazido para as Astúrias os pais decrépitos, os filhos e as esposas, todos aqueles por quem repartiam os afectos do seu coração. Ele, porém, não pudera salvar uma irmã que adorava e que Fávila, expirando, entregara em seus braços, para que fosse o defensor e o abrigo da que ficava órfã no mundo. Ao sair de Tárraco, para se ir ajuntar à hoste de Roderico, o mancebo deixara Hermengarda nos paços paternos, encomendada à guarda de alguns velhos bucelários de seu pai.

Quando, depois da batalha junto do Chrysus, se acolhera às montanhas, onde só podia conservar a liberdade, Pelágio avisara sua irmã do lugar em que existia e lhe comunicara todos os meios de penetrar naquela quase inacessível guarida. A resposta de Hermengarda foi digna de uma neta dos godos: dizia-lhe que brevemente seria com ele; porque preferia um covil de feras habitado por Pelágio às delícias de Tárraco, sobre a qual não tardaria, talvez, a pesar o férreo jugo dos muçulmanos. Com os bucelários que lhe deixara, ela ia atravessar a Espanha, encaminhando-se a Légio, onde devia chegar dentro de poucos dias.

Esta carta de Hermengarda produzira cruéis receios no ânimo do mancebo. Sabia que os árabes, derramados já pela Galécia, não tardariam a envolver na torrente das suas assolações a antiga cidade romana: ele, que experimentara qual era a fúria dos guerreiros do Oriente, compadecia-se das vãs esperanças de resistência que os habitantes de Légio alimentavam ainda. De feito, um dia em que enviara alguns cavaleiros pelos diversos caminhos que Hermengarda poderia seguir na sua arriscada e longa peregrinação, estes voltaram sobre a tarde com uma bem triste nova. Os árabes, capitaneados por Abdulaziz, haviam chegado junto aos muros daquela forte povoação, e poucas horas lhes tinham bastado para hastearem nas suas torres o estandarte de Mohammed e para passarem à espada os seus defensores. Deixando aí uma das tribos bereberes, o exército dos conquistadores guiara rapidamente para a Tarraconense, e os esculcas godos haviam escapado a custo aos almogaures árabes, desaparecendo entre os desvios das serras e espreitando das apertadas portelas o caminho que seguia a multidão dos infiéis, os quais lhes pareceu dirigirem-se para o lado do célebre Mosteiro da Virgem Dolorosa. Quanto à irmã de Pelágio, nenhuns vestígios haviam encontrado da sua passagem; nenhuma esperança traziam.

Tais foram as novas que os cavaleiros enviados aos vales além de Légio deram ao moço guerreiro, que já os esperava impaciente em uma das gargantas do Vínio. Cheio de tristeza, Pelágio voltou então para a sua morada selvática, para o esconderijo pelo qual havia tanto tempo trocara os paços paternos da esplêndida Tárraco. Durante muitas horas, no meio do denso nevoeiro acamado sobre as encostas, pelas sendas tortuosas das montanhas, os cava-

leiros que seguiam o duque de Cantábria não ousaram quebrar-
-lhe o doloroso silêncio. Apenas, pela calada da noite negra e fria,
soava lá ao longe o ruído do Sália, de cujas margens por vezes se
aproximavam. O sussurrar, porém, da corrente, amortecido de
quando em quando pela distância, confundia-se com o ramalhar
nas sarças do lobo que fugia e com o brando rugir dos pinhais,
balouçados pela bafagem do vento. Estes sons vagos e confusos
respondiam ao tropear dos ginetes, galgando as serras ou descendo
lentamente e enfileirados à borda dos precipícios. O nevoeiro,
mergulhando-se nestes, branqueava-lhes os seios e revelava a sua
existência, deixando entre uns e outros como uma fita tortuosa e
escura, que ia morrer mui perto no breve horizonte, encurtado
pela cerração e pelas trevas.

Tarde, já bem tarde, uma luz baça e duvidosa bruxuleou sem
brilho adiante dos cavaleiros, que haviam rodeado as montanhas,
fazendo um largo semicírculo. Naquele momento transpunham
uma garganta medonha. Pelo contrário de outros lugares que
tinham atravessado, aqui as serras erguiam-se quase a prumo de
uma e doutra parte da estreita passagem. Por meio dela sentia-se o
ruído de torrente caudal, que parecia vir da banda da luz que se
via em distância, e o nevoeiro, cada vez mais cerrado, pendurava-
-se em orvalho na barba espessa dos guerreiros e nos cabelos que
lhes ondeavam pelos ombros, saindo de sob os elmos.

Seguindo o curso do ribeiro, a cavalgada chegou, por fim, a
um vale mais amplo, mas também rodeado de serras, cuja sombra
gigante seria fácil perceber, apesar da cerração, a quem olhasse
atentamente em roda. A luz que parecia guiar os cavaleiros, a
princípio duvidosa, ténue, sumindo-se a espaços, crescia rapidamente e era já um grande clarão, que reflectia pelos penhascos,
visíveis para um e outro lado, e cintilava no dorso da corrente. Um
grito de esculca veio quebrar o silêncio dos caminhantes, que
durante tantas horas não tinham proferido uma única sílaba.

As palavras *Covadonga e Pelágio!* repetidas pelos cavaleiros da
frente responderam à voz do esculca, que, em pé e quedo sobre
um outeirinho, os deixou passar avante. Em breve chegaram ao
termo da sua viagem. O vale findava em extensa penedia cortada a
pique. À direita uma subida íngreme, talhada na pedra viva, conduzia a um arco irregular aberto nas rochas. Era a claridade do

fogo aceso debaixo dele a que se derramava no vale e que ainda ia alumiar frouxamente o passo estreito que os cavaleiros haviam atravessado. Encostadas aos rochedos e dispersas junto à raiz daquela muralha altíssima, estavam derramadas muitas choupanas, grosseiramente construídas de mal acepilhados troncos e cobertas de ramos e colmo. Em frente de várias delas ainda fumegava o brasido das fogueiras nocturnas daquela espécie de arraial, onde ciciava o respirar compassado dos que dormiam. Ao pé da primeira e mais extensa choupana, Pelágio descavalgou; os mais seguiram o seu exemplo.

— Gutislo! — bradou um dos cavaleiros, cujo elmo se distinguia dos demais, porque era o único em cuja superfície negra e baça não reverberava o clarão avermelhado dos carvões acesos que ainda restavam de uma grande fogueira, junto da subida íngreme que guiava à caverna.

Um homem agigantado e de fera catadura saiu da choupana murmurando sons mal articulados e que pareciam de agastamento. Dos recém-vindos os principais começaram a subir vagarosamente a senda fragosa que tinham ante si, enquanto Gutislo recolhia os ginetes, que mal se podiam menear de cansados, e os simples bucelários se derramavam pelas tendas erguidas junto dos penhascos.

Os cavaleiros chegaram ao topo da subida. A caverna de Covadonga, o palácio do duque de Cantábria, estava patente. Da esquerda, em vasta lareira, ardia um grosso cepo de sobreiro, que conservava tépida e enxuta a atmosfera, naturalmente fria e húmida; da direita, pelas quebras angulosas das rochas, viam-se deitados capacetes, saios de malha e muitas armas ofensivas. Escabelos grosseiros, mesas de carvalho e alguns leitos de peles de animais silvestres, amontoadas sobre a cortiça que servia de pavimento, completavam o adereço daquele rude aposento. Todavia, as armas polidas, ordenadas em feixes, e as estalactites seculares, penduradas do tecto, reverberando o clarão da fogueira, davam ao topo da lapa um aspecto esplêndido, que de algum modo assemelhava esta habitação de feras a uma sala de armas de paços afortalezados.

É alta noite: os cavaleiros que haviam acompanhado Pelágio dormem profundamente, estirados nos pobres leitos da gruta.

Quem ouvisse os nomes desses rudes soldados saberia quais eram os restos da mais ilustre nobreza goda: eram muitos daqueles que, havia poucos meses, nos paços magníficos de Toletum passavam as noites em festas, os dias em banquetes e que, depois de existência deleitosa, esperavam ir dormir, sob as arcarias das criptas das catedrais, nos túmulos soberbos de seus avós. E todavia, a conquista reduziu-os à vida de bárbaros e fê-los retroceder aos costumes duros e ferozes dos companheiros de Teodorico e de Ataulfo, aos hábitos de rudeza dos primitivos visigodos.

O moço duque de Cantábria vela, porém. Assentado em um escabelo junto do lar aceso, com a face encostada ao punho, deixa balouçar a sua alma em tempestade de dolorosos pensamentos, lembrando-se de Hermengarda. Por mais de uma hora, Pelágio se conservara nesta situação, quando, ao voltar a cabeça, viu que mais alguém velava, como ele. O cavaleiro que ao chegar chamara por Gutislo, em pé por detrás do escabelo, com os braços cruzados e os olhos fitos na chama, parecia meditar profundamente. No seu aspecto havia o que quer que fosse tenebroso e sinistro.

— Como assim! — exclamou o mancebo. — Ainda não buscastes o repouso? Depois de tão larga correria, não imaginava achar-vos ao pé de mim, que velo porque a amargura não consente que o sono me cerre as pálpebras. Tendes, acaso, uma irmã querida, uma esposa que muito ameis, por quem devais tremer, e que, talvez, neste momento seja vítima das paixões desenfreadas dos infiéis?

— Não tenho ninguém no mundo — respondeu o cavaleiro, cujo aspecto se carregou ainda mais ao ouvir estas últimas palavras —; mas não pode aquele cujo coração é ermo desses afectos ser também infeliz?

— Infelizes são todos os moradores de Covadonga — acudiu Pelágio —, mas o que à desventura comum ajunta receios bem fundados pela honra ou, ao menos, pela vida daqueles que muito amou é mil vezes mais desventurado.

— Duque de Cantábria, quando tiveres medida por onde aferir ao certo o meu e o vosso coração podereis falar assim.

— Tê-la-ia, talvez, se conhecesse a história da vossa vida: mas vós a cobris de impenetrável mistério.

— Porque é o segredo mais santo da minha alma — interrompeu com veemência o cavaleiro —; segredo que esta boca nunca revelará na terra.

— Nem eu o exijo: longe de mim tal intento. A carta que me trouxestes de Teodemiro me assegura que sois um nobre gardingo: tanto bastou para que vos recebesse entre aqueles com quem reparto a minha caverna de foragido. Nunca vos perguntei, sequer, porque abandonastes um homem que de suas palavras vejo vos amava como irmão.

— Oh, quanto a isso, dir-vo-lo-ei — atalhou de novo o guerreiro, pondo a mão sobre o punho da espada. — Foi porque eu o cria um anjo de virtude e esforço, e ele era apenas um homem! Foi porque a paz que pactuou com os muçulmanos, honrosa aos olhos do vulgo, era, a meus olhos, infâmia. Paz com o infiel? Ao cristão só cabe fazê-la quando dormir ao lado dele sono perpétuo no campo de batalha; quando, ao lado um do outro, esperarem ambos que as aves do céu venham banquetear-se em seus cadáveres. Antes disso não a compreendo. Disse-lho, sem cólera, sem injúrias, ao abandoná-lo para sempre. Nesse momento algumas lágrimas correram destes olhos; porque a alma de Teodemiro era a última em que morava um afecto que respondesse aos meus: era o último templo em que me sorria a esperança!

E as lágrimas que ele dizia haver derramado nessa triste separação corriam, de novo, quatro a quatro pelas faces do guerreiro.

Apenas o gardingo proferira estas derradeiras palavras, o clarão avermelhado da lareira bateu subitamente no vulto agigantado de Gutislo, que surgira à boca da gruta e parecia hesitar se devia ou não interromper o diálogo dos dois guerreiros.

— Velho lobo do Hermínio, aproxima-te — disse Pelágio em tom de gracejo, como que tentando afastar as tristes ideias que lhe oprimiam o espírito. — Que buscas a tais desoras? Tiveste, acaso, em sonhos saudades das barrocas das tuas serras nevadas, e creste que Covadonga era o antro de teu irmão, o javali?

— O caçador das montanhas — replicou o lusitano na sua linguagem pinturesca de bárbaro — não estaria aqui, se a saudade dos lugares em que nasceu lhe morasse no coração. Os homens de além do mar mataram-lhe ou cativaram-lhe mulher e filhos quando estes, por seu mal, num dia em que ele perseguia nos cimos da serra os lobos ferozes, ousaram descer com o rebanho aos vales do Munda. Por isso te segui eu, oh godo: tu derramas o sangue dos homens de além do mar e eu quero derramá-lo também.

— A que vens, pois, aqui? — replicou Pelágio, a quem as palavras do celta traziam de novo ao espírito a lembrança de que também ele era, talvez, órfão de irmã querida.

— A dizer-te que um desconhecido chegou ao vale. Repete não sei que nome godo, como o teu; de Hermengarda, me parece. Pede para te falar.

— Onde está ele? — exclamou Pelágio, em cujos olhos brilhara a esperança misturada de temor. — Que venha! oh, que venha breve!

E, alevantando-se, encaminhou-se ligeiro para a entrada da gruta, donde Gutislo outra vez desaparecera. Antes, porém, que aí chegasse, um velho, cujos trajos desordenados, rotos e cobertos de lodo davam indícios de ter atravessado largo espaço das serranias, entrou na caverna e, arrojando-se aos pés do duque de Cantábria, rompeu em soluços, sem poder proferir palavra.

Num relance Pelágio o conhecera.

— Aldefonso! onde está Hermengarda? Bucelário! onde está a filha do teu patrono?

O velho tentou responder; porém não pôde, e continuou a soluçar.

— Entendo-te: é morta! Nunca mais te verei, minha pobre irmã! — murmurou o mancebo, escondendo o rosto entre as mãos.

Ao gardingo, que durante esta cena se conservara imóvel, fugiu um gemido abafado. Depois, levou o punho cerrado à fronte, como se quisesse conter aí uma ideia dolorosa que tentava resfolegar.

Houve um largo espaço de temeroso silêncio. O velho quebrou-o por fim:

— Não; não é morta! Mas, porventura, ainda o seu fado é mais horrível. Jaz cativa em poder dos infiéis. Não me foi dado salvá-la, e não quis morrer sem vos dar esta nova cruel. Agora...

Um brado de Pelágio atalhou as palavras do bucelário sufocadas pelo choro.

— As minhas armas e o meu cavalo! Que me dêem o meu

127

franquisque! Velho vilíssimo, já que não soubeste deixar-te despedaçar junto dela, dize, ao menos, onde poderei encontrar os pagãos que cativaram Hermengarda.

Lavado em lágrimas, o ancião narrou-lhe em breves palavras os sucessos que se haviam passado no Mosteiro da Virgem Dolorosa. Ele tinha feito tudo para a resolver a tentar a fuga.

— Ainda na cripta fatal — concluía Aldefonso —, através das grades que me embargavam os passos, por vós, pelas cinzas de vosso pai, lhe supliquei de joelhos que me acompanhasse. Os velhos bucelários de Fávila, no meio do tumulto, a teriam, talvez, posto em salvo! Sorriu, porém, das minhas esperanças e conservou-se firme no seu propósito. Mas Deus tinha ordenado que, em vez de obter o martírio, caísse nas mãos dos agarenos. De todos os que vínhamos em sua guarda, só eu, acaso, pude escapar, misturado com os soldados da Transfretana. Assim, segui por algum tempo os árabes, que se encaminham para o lado de Segisamon. Ao anoitecer, embrenhei-me nas montanhas. Um pastor que encontrei me serviu de guia, até que cheguei aos pés de meu senhor para lhe pedir a morte e para lhe jurar que estou inocente.

— De pé, cavaleiros! Aos infiéis, em nome de Cristo! — gritou o duque de Cantábria, com uma voz que retumbou nas profundezas da caverna.

Habituados às súbitas arrancadas nocturnas contra os árabes, quando vagueavam em correrias longínquas, os companheiros de Pelágio ergueram-se de salto, ainda mal despertos, e por uma espécie de instinto lançaram mão das armas penduradas por cima das suas cabeças. Era solene e tremendo o espectáculo que apresentava a gruta naquele alçar repentino de tantos homens, no brilho das armas que relampagueavam à luz da fogueira e tiniam umas nas outras. Entretanto Pelágio ordenava a Gutislo que despertasse os homens de armas espalhados pelas choupanas do vale e fizesse dar o sinal de encavalgar. Era necessário partir.

No meio, porém, da revolta, havia alguém que se conservava quedo e que parecia tranquilo. Era o gardingo desconhecido. Encostado à parede anfractuosa da gruta e demudado o gesto, contemplava aquela cena com o vago olhar de quem alongara o pensamento para mui longe dali. Enquanto todos os demais cavaleiros rodeavam Pelágio, indagando inquietos a causa daquele súbito apelidar para uma correria nocturna, ele só ficara imóvel e como indiferente ao tumulto que as vozes do duque de Cantábria tinham excitado entre os guerreiros.

— Qual de vós outros, cavaleiros — dizia Pelágio aos que o rodeavam —, duvidará um momento de que, se um mensageiro chegasse e lhe dissesse: «vossa esposa, vossa filha, vossa irmã caiu em poder de infiéis», eu hesitasse em ir ajudá-lo a arrancar essa vítima querida à bruteza cruel dos pagãos? Nenhum; porque mais de uma vez tenho arriscado a vida para curar saudades e amarguras dos desterrados como eu. Deu-me o céu uma irmã; deu-me o último suspiro de meu pai uma filha; deu-me a ternura por essa virgem, cuja imagem vive eterna neste coração virgem como ela, uma esposa. Quando a triste inocente vinha abrigar-se à sombra do escudo de seu irmão, os infiéis roubaram-ma. Viúvo e órfão, apelo para os últimos corações generosos da Espanha. Por Deus, que me ajudeis a salvar a minha pobre Hermengarda. Como tua filha Brunilde, ela é formosa, Gudesteu! Como tua esposa Elvira, ela é boa e carinhosa, Algimiro! Como tua irmã, Múnio, ela é inocente e pura. Godos, por tudo quanto amais, salvai-a, salvai a mesquinha!

O nobre esforço do mancebo desaparecera ante a ideia dolorosa da sorte que a Providência reservara à desventurada filha de Fávila. Ele estendia as mãos unidas para os cavaleiros, como uma criança tímida que implora compaixão.

— Partamos! — exclamaram ao mesmo tempo os nobres foragidos. — Tua irmã será salva ou nenhum de nós voltará mais à gruta de Covadonga!

Uma voz trémula, mas retumbante, trovejou por detrás deles:
— Não partireis daqui!

Voltaram-se. Era o gardingo.
— Quem o ordena? — bradou Pelágio, com toda a energia que esta inesperada resistência despertara subitamente nele.

— Um homem — replicou o desconhecido, atravessando o círculo dos guerreiros que rodeavam o duque de Cantábria e lançando em volta olhos altivos —; um homem cujo coração é há longo tempo morto, porque as paixões o queimaram; mas cuja inteligência por isso mesmo é mais fria. Quantos sois vós? Quantos bucelários dormem pelas tendas desse vale? Apenas alguns centenares de lanças poderiam, ao todo, transpor convosco os passos das serras. Os infiéis e os renegados que os servem quantos são? Se podeis contar as estrelas que ora recamam o céu, podereis dizer-me o número deles. Tu, Pelágio, braço de ferro, coração de bronze, quem és tu? O guardador das últimas esperanças da Cruz e da pátria. Quem te deu, pois, o direito de correres a morte certa? Quem te deu o direito de apagar no sangue dos últimos godos o único facho que alumia as trevas do futuro da escravizada Espanha?

— E a ti — interrompeu furioso e arrancando meia espada o violento Sanción —, quem te incumbe de nos dizeres: «não saireis daqui»? Quem és tu, que, vindo não sei donde, pretendes dominar como senhor aqueles que só obedecem a Deus?

O desconhecido olhou para o movimento ameaçador de Sanción, e pelo rosto passou-lhe um sorriso desdenhoso. Cruzou os braços e respondeu com voz lenta e solene:

— Por minha boca falaram milhares de godos que gemem no cativeiro e que voltam de contínuo os olhos para os cerros das Astúrias, onde apenas fulgura ténue o santo fogo da liberdade: falaram por minha boca as aras do Senhor calcadas pelos pés dos pagãos, as imagens de Cristo derribadas no lodo, os muros enegrecidos das cidades incendiadas. É isto tudo que vos diz: «não saireis daqui!» Perguntas quem sou? Dir-to-ei. O último homem que, junto do Chrysus, viu, combatendo, a face dos árabes vencedores, enquanto os valentes fugiam; o homem que tentou morrer com a pátria, e que a mão de Deus salvou para neste momento vos dizer: «não saireis daqui!» Queres saber quem eu sou? Lê, Pelágio, o que escreveu aí Teodemiro. Dize-lhe depois qual é o meu nome.

E, tirando da escarcela uma tira de pergaminho dobrada, abriu-a e entregou-a a Pelágio.

O duque de Cantábria correu-a pelos olhos e, deixando-a cair em terra, murmurou:

— Meu Deus, o cavaleiro negro!

Os godos apinhados em roda recuaram alguns passos, e houve um momento de ansioso silêncio.

— Anjo, ou demónio, que nos explicas um mistério por outro mistério — exclamou, enfim, Pelágio visivelmente perturbado — ; cristãos e árabes lembram-se ainda das tuas incríveis façanhas nas

130

margens do Chrysus. Mil vezes eu próprio tenho dito: dez como
ele haveriam salvado o império de Teodorico! Devemos obedecer-
-te, se és um homem, como dizes, porque vales mais que nós. Se
és o anjo que preside aos fados da Espanha, mais submisso ainda
será o nosso obedecer. Mas, que mal te fez minha desgraçada
irmã?...

—Que mal me fez tua irmã? — atalhou com veemência o
gardingo. — Nenhum!... E quem te disse que não quero, que não
posso salvá-la, eu, que não sou anjo, que sou, como tu, um
homem? Quais dentre vós — prosseguiu, voltando-se para os
cavaleiros que o rodeavam — sois neste mundo sós e não tendes
quem na morte regue com lágrimas a terra que vos cobrir? Quais
de vós sois, como eu, desterrados no meio do género humano?
Que os órfãos de coração ergam a dextra para o céu, onde só há um
seio que lhes receba os gemidos de amargura, o seio imenso de
Deus!

Doze guerreiros, e entre eles o fero Sanción, alevantaram a
dextra para o ar à voz imperiosa do gardingo.

— A cavalo! — gritou este, apertando o largo cinto da espada
e enfiando no braço a férrea cadeia do franquisque. — Pelágio! se
dentro de oito dias não houvermos voltado, ora a Deus por nós,
que teremos dormido o nosso último sono, e chora por tua irmã,
cujo cativeiro já ninguém, provavelmente, quebrará, senão o anjo
da morte. Partamos!

Proferindo estas palavras, o gardingo atravessou rapidamente
a caverna e desapareceu nas trevas exteriores: os doze guerreiros
escolhidos seguiram-no maquinalmente, porque os seus meneios e
gesto os tinham fascinado, ao lembrarem-se de que este homem
era o cavaleiro negro. O duque de Cantábria, subjugado também
pela espécie de mistério solene que cercava todas as acções deste
ente extraordinário, nem ousou perguntar-lhe por que meio inten-
tava salvar Hermengarda. Todavia, uma voz íntima e irresistível
lhe dizia: «Resigna-te e confia.» Confiado e resignado esperou,
portanto, o cumprimento das promessas do incógnito gardingo.

XIV

A NOITE DO AMIR

Arrebatada no palor das trevas.

Breviário Gótico: Hino de S. Gerôncio

Era ao cair do dia. O nordeste seco e regelado corria as campinas do espaço, onde, através da atmosfera puríssima, cintilavam as estrelas. O clarão de Segisamon incendiada reflectia de longe nas brancas tendas dos árabes, acampados a bastante distância dos muros da povoação destruída. Em volta do arraial, pelas coroas dos outeiros, acendiam-se as almenaras, a cuja luz, ténue, comparada com a do incêndio de Segisamon, se viam passar os atalaias nocturnos. Abdulaziz, semelhante a cometa caudato, seguia a sua órbita de extermínio, deixando após si vestígios de fogo. O exército devia ao romper de alva internar-se nos vales da Tarraconense.

Segisamon tinha na véspera oferecido um espectáculo semelhante ao de muitas outras cidades da Espanha levadas à escala pelos muçulmanos. Não só a cobiça e o desenfreamento da soldadesca multiplicavam aí as cenas de rapina, de violência e de sangue, mas também a política dos capitães árabes procurava aumentar a terribilidade desses dramas repetidos para quebrar os ânimos dos Godos e persuadi-los à submissão. O dia precedente a esta noite que começava tinha sido consagrado pelos vencedores ao

132

repouso, depois de um duro lavor de morte e ruínas. Os jogos, os banquetes, as dissoluções de todo o género haviam recompensado brutalmente o esforço brutal dos destruidores de Segisamon.

Às coortes do renegado Juliano tocava nesta noite a vigia do arraial: eram godos os que guardavam o campo, onde as virgens da Espanha tinham sido violadas; onde a Cruz cativa fora mais de uma vez ludibriada; onde os velhos sacerdotes haviam sofrido contentes o martírio no meio das afrontas. Aqueles homens perdidos, rodeando esse montão de abominações, ainda não fartos dos deleites infernais em que tinham tido parte com os infiéis, embriagavam-se, bebendo pelos vasos sagrados, e escarneciam blasfemos a crença da sua infância no meio de hedionda ebriedade.

O murmúrio imenso do arraial foi amortecendo gradualmente com o fechar da noite. Em breve, não se ouviu nas tendas do Islame senão o respirar lento de tantos milhares de homens adormecidos nos braços do gozo. Junto, porém, das almenaras as risadas dos soldados do conde de Septum, os cantos obscenos inspirados pela embriaguez, as disputas ardentes do jogo, em que o ouro corria de mão em mão, soavam ainda em volta do silêncio do campo. Pouco e pouco, este mesmo ruído foi afrouxando, ao passo que os fachos acesos nas chapadas dos outeiros esmoreciam. A escuridão e o silêncio reinaram, enfim, até nas atalaias. Os soldados godos, cansados de dissoluções, haviam também repousado. E para que prestaria velar? O terror que inspiravam os árabes era o melhor guardador do arraial. Como ousariam os cristãos, medrosos atrás dos muros dos seus castelos, saltear o campo de Abdulaziz? As vigias e almenaras eram apenas uma velha fórmula militar, cuja significação a série não interrompida dos triunfos até então alcançados tornara ininteligível.

Pela calada, porém, da alta noite e no meio das trevas que cobrem, como amplo manto, aquele turbilhão de homens de guerra, descansando então para ao romper do Sol rugir de novo impetuoso, vê-se ainda, através das telas mal unidas de uma tenda mais vasta, reverberar vivo clarão, e ouve-se o rir alegre, o altercar, o tinir argentino das taças; todos os indícios, enfim, de que a orgia se prolongou aí até mais tarde. Ao redor da tenda jazem por terra, com os alfanges nus junto a si, alguns soldados da guarda de

133

Abdulaziz, composta dos guerreiros mais temidos do exército, os negros do remoto país de Al-Sudan. Nos ouvidos deles restruge debalde o alto ruído que soa do interior do pavilhão. Dormem, também, profundamente, e apenas à porta da tenda um deles vela imóvel encostado à acha de armas.

A tenda era, de feito, a do esforçado filho de Musa. A mesa do banquete ainda vergava com os restos das iguarias: os brandões já gastos e os candeeiros mortiços derramavam uma claridade suave pelo aposento. Reclinado sobre um almatrá coberto de preciosa alcatifa do Oriente, o amir escutava o mais moço dos xeiques que estavam junto dele, o qual, ora cantava os versos voluptuosos de Zoheir, que acendiam a imaginação do jovem guerreiro, ora lhe repetia os antigos poemas licenciosos e satíricos de Ibn-Hagiar, que ele aplaudia com estrondosas risadas.

O conde de Septum e os mais capitães godos aliados dos agarenos conservavam-se ainda nos lugares que haviam ocupado durante o banquete. Para aquela extremidade da vasta mesa viam-se algumas ânforas tombadas e outras ainda cheias dos vinhos mais preciosos da Espanha; as taças que giravam ao redor eram as que produziam o tinir que soava fora, no meio do ruído das falas, dos gritos e dos cantos monótonos do xeique Abdallah.

Um guerreiro, cuja barba crespa e cerrada lhe caía como frocos de neve sobre os anéis dourados do saio de malha, estava assentado à direita de Juliano. A brancura dos seus cabelos era o único sinal que se lhe enxergava de uma larga peregrinação na terra; porque o rosado da tez, a viveza dos olhos azuis, o garbo nos meneios e a robustez dos membros agigantados mostravam nele mais que muito a compleição vigorosa de homem de boa idade. Era Opas, o bispo Opas, que se esquecera do sacerdócio, como se havia esquecido da pátria, e que, habituado à vida solta dos arraiais, excedia já na violência de paixões ignóbeis os mais desenfreados e bárbaros chefes das tribos semi-selvagens da África. Muitos outros tiufados e quingentários, assentados ao longo da mesa, davam mostras de infernal alegria, despejando as taças de prata, que os libertos lhes enchiam de novo para de novo rapidamente se esgotarem.

— Vede os nazarenos malditos — dizia Abdulaziz em voz baixa ao xeique Abdallah, olhando de través para os godos. — O amor da embriaguez nunca os deixará ver a luz que mana das páginas do divino Corão. Para eles o fruto da vide será sempre a ponte estreita, da qual, ao passarem na morte, se despenharão no inferno.

— E que nos importa as suas almas tisnadas — replicou Abdallah — se eles nos ajudam a sujeitar à lei do santo profeta o império de Andaluz[26]? Sem Deus e sem pátria, deixai-lhes ao menos a sua bruteza.

O bispo de Híspalis percebeu que falavam dele e dos outros godos, porque os xeiques haviam volvido para lá os olhos. Erguendo-se então com a taça em punho, exclamou em arábico:

— Ao invencível Abdulaziz; a um dos mais nobres vingadores de Vitiza!

— Alfaqui dos Romanos[27] — respondeu o amir —, a lei do profeta não consente que eu aceite a saudação que atravessou por lábios tintos no licor amaldiçoado por ele.

— E que montam as maldições do teu profeta? — replicou Opas em tom de gracejo. — Devemos nós por isso deixar de saudar o ilustre filho de Musa com o abençoado e generoso vinho dos férteis outeiros da Espanha?...

— Infiel!... — interrompeu o amir, em cujos olhos cintilara o despeito. Depois, reportando-se, prosseguiu em tom brando, mas firme, como quem queria ser prontamente obedecido: — Nobres cavaleiros do Gharb, valentes xeiques do Negid, de Berryah e de Al-Moghreb, a noite vai alta, e ao romper da manhã é necessário partir. Que o sono vos desça sobre as pálpebras nas vossas tendas de guerra!

A estas palavras, godos e árabes, alevantando-se, foram saindo da tenda vagarosamente e em silêncio. Só o bispo de Híspalis, apertando a mão de Juliano, murmurou:

— Oh, quanto fel se mistura com o prazer da vingança! Mas cumpra-se o nosso fado.

Ao atravessarem o arraial, os dois filhos renegados da Espanha notaram que nos cabeços das almenaras a escuridão era tão profunda como no resto do campo. Tudo, porém, estava tranquilo. Apenas, a pouca distância, lhes pareceu verem passar como sombra um cavaleiro, que se encaminhava para o lado do pavilhão de Abdulaziz. Era, provavelmente, algum soldado de Al-Sudan, que, transnoitado, se retraía para o seu alojamento junto da tenda do amir.

Entretanto este, apenas só, começou a caminhar agitado e a passos largos de uma até outra extremidade do aposento, que ricos panos da Síria dividiam dos que ocupavam os servos. No seu gesto, turbado por afectos encontrados, passavam sucessivamente os vestígios destes: ora a indignação lhe pesava nos sobrolhos confrangidos; ora lhe sorria nos olhos um pensamento voluptuoso; ora a compaixão parecia suavizar-lhe esse feroz sorrir. Por fim, o moço Abdulaziz, como vencido pela tempestade da sua alma, assentou-se no almatrá e cobriu o rosto com ambas as mãos. Conservou-se assim por largo tempo, em silêncio e quedo, até que, afinal, as suas paixões triunfaram e rebentaram com violência.

Batendo as palmas, o amir bradou:

— Al-Fehri!

Um dos panos que dividiam a tenda em várias quadras alevantou-se de um lado, e um vulto negro e disforme, que parecia arrastar-se com dificuldade, encaminhou-se para o amir. Era como um tronco de gigante pelo espadaúdo do corpo, pela amplidão do ventre e pela desmesurada grossura da cabeça, onde só lhe alvejavam os olhos embaciados. O monstro, apenas deu alguns passos, parou, cruzando sobre o peito os braços grossos e curtos, semelhantes a dois madeiros informes.

— Eunuco — disse Abdulaziz com voz agitada —, conduze aqui a última das minhas cativas que especialmente confiei de ti.

O vulto recuou e, franzindo a espécie de reposteiro que lhe dera passagem, desapareceu. Passados alguns momentos, tornou. Uma figura de mulher, cujas formas mal se podiam adivinhar através dum raro cendal que a cobria até os pés, acompanhava-o. Com passo firme, ela se encaminhou para Abdulaziz, e o eunuco desapareceu de novo.

— Filha dos cristãos — disse em língua romana o amir —, os dois dias que me pediste para chorares o teu cativeiro passaram. Resolveste, finalmente, ser a mais amada entre as mulheres de Abdulaziz; ser a invejada das donzelas do Oriente e quase a rainha das províncias de Andaluz, porque acima de Abdulaziz só dois homens existem na Terra, o amir de Al-Moghreb, aquele que me gerou, e o descendente do profeta, o que rege todo o império dos crentes?

— A minha resolução é morrer, quando te aprouver — replicou a cativa com serenidade —; porque essa resolução há muito que eu a tomei. Enganei-te, pagão, quando te pedi dois dias para chorar! Escarneci de ti, porque te abomino. Esperava que um braço de guerreiro que vale mais que o teu viesse arrancar-me do cativeiro. Ai de ti, se ele soubesse qual tinha sido o meu fado! Folga, pagão, de que a sentença fulminada por Deus contra os filhos da Espanha me abrangesse também. Nesta hora não fora eu; foras tu quem deveria perecer. Mas ele não pôde salvar-me; só me resta dizer-te: infiel, tu és maldito de Deus; príncipe dos árabes, tu és servo dos demónios; homem que me pedes amor, sabe que eu te detesto.

— Dize tudo — interrompeu o amir, apertando com força o braço da cativa e fitando nela os olhos, onde lutavam amor profundo e cólera violenta —, exala em injúrias a tua dor orgulhosa: sê, até, blasfema; mas não digas que detestas Abdulaziz; não digas que amas um godo e que ele fora capaz de te vir roubar da minha tenda. Desgraçado do nazareno que se lembrasse de amar-te depois que Abdulaziz te chamou sua. Onde se iria esconder esse mal-aventurado filho de uma raça vil e covarde, que pudesse escapar a este braço, o qual ao estender-se arranca pelos fundamentos os vossos castelos e reduz a pó os templos do vosso Deus e os muros das vossas cidades?

— Aquele que eu cria viesse em meu socorro — tornou com voz firme a cativa — não se esconderá de ti no dia em que estiverem em volta dele todos os seus irmãos em esforço e amor da terra natal: porque nesse dia das grandes vinganças vê-lo-ás face a face. Muitas vezes os teus guerreiros têm fugido diante dele; muitas vezes o incêndio dos arraiais pagãos tem ajudado o incêndio das nossas cidades a alumiar as trevas da noite, e a sua mão foi a que lançou o facho sobre a tenda do agareno. Esse, ao menos, se ainda se esconde, não é por temor de ti, nem dos teus cavaleiros, que, tantos por tantos e ainda em dobro, muitas vezes tem visto fugir.

— Entendo-te, altiva filha dos godos — replicou Abdulaziz. — Falas do que vós outros chamais Pelágio, e que só de noite ousa sair das solidões das suas montanhas para acometer as tribos de Al-Moghreb que fizeram assento no conquistado Gharb ou para assassinar os cavaleiros do deserto transviados. Apenas Sarkosta e Tarkuna vissem flutuar sobre as suas muralhas os estandartes do Islame, eu iria arrancá-lo dos seus esconderijos para o punir. Mas tu abreviaste os dias do foragido nazareno. Dentro de pouco o seu cadáver servirá de pasto às aves do céu porque amou aquela que eu escolhi.

— Deus defenderá meu irmão — disse titubeando a donzela, cuja firmeza começava a abandoná-la, receando ver cumprida a ameaça do amir.

— Irmã de Pelágio?! Oh, repete-o mil vezes! São as prisões do sangue que te unem ao cruel inimigo dos crentes?

— Porque finges ignorá-lo? Os velhos cavaleiros que me acompanhavam e que comigo foram cativos no mosteiro que profanaste já o terão revelado.

— Nem as promessas, nem os tormentos puderam tirar de suas bocas o teu nome e a tua jerarquia. Mas jura-me que és a irmã de Pelágio, e ele poderá esquivar, se quiseres, o seu tremendo destino.

— Fora inútil negar o que eu própria confessei. O meu nome é Hermengarda: o duque de Cantábria, Fávila, foi meu pai, e Pelágio é o filho e sucessor de Fávila.

O amir ficou alguns momentos calado com o braço de Hermengarda preso na mão robusta que ela sentia trémula com o tumultuar dos afectos que agitavam o coração do árabe. Este, por fim, exclamou:

— Pelo precursor do santo profeta: por Issa, Hermengarda, que, se amas teu irmão, me digas: «Eu serei tua.» Estas palavras o farão senhor da mais rica província do Andaluz, daquela que ele escolher para reinar como amir: os guerreiros que o seguem serão os vális das suas cidades, os caides dos seus castelos; dos meus tesouros metade será dele. As escravas que muito hei amado não mais verão sorrir-lhes o rosto de seu senhor. Tu serás rainha do meu coração; rainha sem rival; senhora de tudo sobre quanto se estende o poder de Abdulaziz, do filho querido do invencível Musa. Profere só essas palavras, e a sorte de Pelágio será invejada pelos nossos mais ilustres guerreiros!...

No gesto do agareno todos os vestígios da cólera tinham desaparecido: só nele se lia a ansiedade de um amor imenso, que precisa, mais que do gozo brutal, de um sentimento acorde com os próprios sentimentos.

Mas Hermengarda só vira afronta e opróbrio nas palavras do amir, e o ódio a este homem, cuja natural fereza e orgulho o amor convertera em brandura e, talvez, em submissão, tornou-se ainda maior ao ouvi-lo. Recobrando toda a energia da sua alma, que por um momento vacilara, respondeu, olhando para Abdulaziz com ar de desprezo:

— Nem sempre os valentes conquistadores da Espanha podem achar traidores que vendam por ouro e honras infames os sepulcros de seus pais e os altares do Senhor. Não! Pelágio não aceitará nunca um lugar entre os filhos de Vitiza e o conde de Septum; porque Deus o guarda para vingador de seus traídos irmãos. Infiel, grande era o preço que davas por uma filha da serva raça dos godos: guarda-o para o empregares melhor: para comprares as livres e nobres donzelas do teu país. Tudo o que me ofereces é vil; porque vem de ti, maldito. Só uma oferta te aceito; há muito que ta pedi: a morte... a morte, e que seja breve. Abomino-te, destruidor da Espanha... Não!... Enganei-me. Desprezo-te, salteador do deserto.

Com os lábios brancos e o olhar desorientado, o amir ouvia as palavras de Hermengarda, e a sua fronte enrugava-se como a face do oceano ao passar do furacão. Tremendo silêncio reinou por alguns momentos na tenda. Com um rir abafado e diabólico, o amir o rompeu por fim:

— A morte? Não terás a morte: juro-te pelo sepulcro do profeta. Porque a abelha zumbiu aos ouvidos do caçador faminto, arrojará ele para longe o mel do seu favo e esmagará o insecto? Tu serás minha, mulher orgulhosa; porque o meu amor é, como o meu ódio, inexorável e fatal. Depois, quando o incêndio que me devora estiver extinto; quando o tédio morar para mim nos teus braços, irás cevar nas tendas dos bereberes a sensualidade brutal dessa soldadesca selvagem. Pode ser que teu nobre irmão venha entretanto salvar-te... Guarda para então as soberbas; que hoje, pobre escrava, só te resta obedecer à voz do teu senhor.

Ao dizer isto, Abdulaziz, segurando com a dextra o braço de

Hermengarda, apertou-o com tanta violência que a desgraçada deu um grito de agonia e caiu de joelhos aos pés do árabe. O amir ergueu-a e, impelindo-a com força, ao mesmo tempo que despedaçava com a esquerda o raro cendal que lhe velava o rosto, a fez cair pálida e trémula sobre o almatrá. Os lábios da donzela quiseram ainda proferir algumas palavras — porventura uma súplica; mas apenas murmuraram sons inarticulados, e feneceram em arquejar doloroso.

No seu furor, o filho de Musa não sentira um rugido de cólera que respondera ao grito de Hermengarda, nem um ai passageiro e sumido, que, segundo era íntimo, parecia de homem a quem a ponta de um punhal rasgara subitamente o coração. Nas telas, porém, que dividiam o aposento do lugar donde pouco antes saíra o eunuco e que ficavam fronteiras à entrada principal da tenda uma figura humana se estampou negra sobre o chão brilhante da tapeçaria. O amir, volvendo casualmente os olhos, a viu. Crescia rápida. Escutou. Passos ligeiros soavam no vasto aposento. Voltou-se. Mas apenas pôde erguer o braço: vira reluzir no ar um ferro; vira um vulto coberto de armas semelhantes às dos cavaleiros de Al-Sudan: sentiu um golpe que lhe partia o braço erguido e que, batendo-lhe ainda no crânio, lhe retumbava no cérebro. Deu um grito, fechou os olhos e caiu aos pés de Hermengarda, manando-lhe o sangue da fronte. O monstro humano que conduzira ali a irmã de Pelágio assomou então no topo interior da tenda: o brado do amir o atraíra. Vendo seu senhor derribado e junto dele o que o ferira, o eunuco fez uma horrível visagem, como pretendendo falar: mas somente soltou um rugido acompanhado de um gesto de ameaça. Segundo o atroz costume do Oriente, Al-Fehri, destinado desde a infância ao serviço misterioso do harém, fora condenado em tenros anos a nunca imitar a voz humana. Privado da língua, as suas expressões eram acenos ou aflitivos e inarticulados rugidos.

O cavaleiro observava-o. Fê-lo sorrir o ademã feroz e ameaçador do eunuco. Tinha previsto todas as dificuldades daquela arriscada empresa e contava com o seu esforço e frieza de ânimo para as vencer. Ligeiro, travou de uma das tochas que ardiam junto da mesa do banquete e chegou-a às ricas tapeçarias que forravam a tenda. A chama enredou-se na tela: um rolo de fumo espesso trepou em espirais, enegrecendo-lhe os recamos e lavores brilhantes. Em breve, as labaredas abraçadas com os feixes de lanças, com os panos custosos, que ondeavam torcendo-se, treparam até o cimo e, curvando-se espalmadas sob o tecto, romperam em línguas ardentes aprumadas para o céu. O incêndio, espalhando ao longe a sua sinistra claridade, erguia-se como um tocheiro disforme aceso no meio do arraial e despertava assim do sono profundo os soldados de Al-Sudan lançados em volta do pavilhão do amir.

Mas já a este tempo o cavaleiro se afastara do lugar daquela cena medonha. As palavras *Liberdade e Pelágio!* proferidas por ele tinham calado como um bálsamo de vida no coração de Hermengarda. O desconhecido, tomando-a nos braços, atravessou ligeiro para o lado do arraial onde estanciavam os godos. Outro cavaleiro lhe tinha de rédea dois ginetes. Hermengarda, a quem o perigo e a esperança haviam restituído toda a natural energia, não hesitou em acompanhar o seu audaz e misterioso salvador. Seguindo os caminhos tortuosos e incertos que as tendas do imenso arraial formavam e guiando-se pela Lua, que principiava a sair detrás dos outeiros, os três fugitivos encaminharam-se para o lado do campo além do qual as montanhas, lá ao longe, reflectiam já o luar das cumeadas cobertas de neve.

Entretanto Al-Fehri correra a despertar os negros da guarda do amir, e o cavaleiro ainda ouviu os gritos destes ao contemplarem o incêndio mais prestes em acordá-los que o eunuco. À entrada da tenda, o vigia que devera despertá-los ao primeiro sinal de Abdulaziz havia adormecido de sono mais profundo que o deles. Um punhal enterrado na garganta até o punho lhe selara para sempre os lábios. Os gestos de desesperação de Al-Fehri fizeram conhecer aos soldados o perigo do amir. Por entre as chamas, ferido e semimorto, a custo puderam salvá-lo. Pouco a pouco, o tumulto alongou-se pelo arraial: os xeiques árabes e os capitães de Juliano corriam para o lugar onde brilhava o incêndio, e, dentro em pouco, as vozes desentoadas, o tocar das trombetas, o rufar dos tambores, o tropear dos cavalos naquela vasta planície fariam crer a quem olhasse para ali dos montes vizinhos que no arraial se pelejava uma batalha nocturna.

No meio da confusão que produzira por toda a parte este

acontecimento inesperado e cujo motivo e circunstâncias inteiramente se ignoravam, ninguém reparou nos dois cavaleiros e na
donzela, que, atravessando rapidamente por entre as tendas dos
árabes e dos godos, se dirigiam para as atalaias do norte. Era,
porém, aqui onde os maiores perigos aguardavam os três fugitivos.

A revolta do campo chegara aos ouvidos dos vigias. Sobressal-
tados pelo clarão que refulgia do lugar do incêndio e pelo rumor
que soava dessa parte, o grito de alarma correra de boca em boca,
de uns para os outros outeiros, que sucessivamente se ilumina-
vam. No largo giro que tal bradar fizera, aquela cadeia de sons
uniformes fora subitamente quebrada. Lá, na almenara do norte,
nenhuma voz respondera ao vozear dos esculcas; nenhuma luz de
fogueira brilhara de novo. De cada um dos postos vizinhos, uma
decania de corredores transfretanos desceu, então, aos vales e,
subindo depois por uma e outra encosta, vieram todos topar na
coroa do outeiro. À claridade da Lua, cujos raios inclinados roça-
vam já pela Terra, viram reluzir no chão troços de armas, e,
estirados ao pé delas, estavam os corpos de seus donos envoltos
nos saios de malha. Rápido e violento devia ter sido o cometimento, numerosos os cavaleiros inimigos; porque nem um dos
atalaias pudera escapar. Nem um, que todos aí jaziam! Braço
robusto tinham por certo aqueles que assim ousavam penetrar no
campo de Abdulaziz: as feridas profundas assinadas nos cadáveres
davam disso testemunho. Não havia que duvidar: Pelágio salteara
o arraial. O incêndio que reverberava ao longe e o arruído como de
um grande combate diziam que o facho da vingança fora arrojado
ao meio das tendas do Islame, e que o ferro dos defensores da
Espanha viera, nas trevas da noite, lavar com sangue o lugar dos
banquetes, tinto ainda de vinho e imundo de prostituição.

Este pensamento passou fugitivo e confuso pelo espírito dos
guerreiros, que olhavam como petrificados para a cena de morte
que tinham ante si, a qual, de um lado, era alumiada pela luz débil
da Lua nascente e, do outro, pelo clarão avermelhado e ainda mais
frouxo do incêndio ao longe. Um correr de cavalos que subiam
ligeiro a encosta da banda do arraial lhes divertiu a atenção. Volveram para lá os olhos. Três vultos montados se dirigiam para ali.
Dois, cobertos de armas escuras, ladeavam o terceiro, cujas roupas
alvejavam ao luar. Os corredores transfretanos adiantaram-se para

142

eles. Ao aproximarem-se, viram que o vulto branco era de mulher e que os outros trajavam saios e elmos e traziam achas de armas. Eram em tudo semelhantes aos guerreiros de Al-Sudan que compunham a guarda do amir.

Um dos dois cavaleiros afastou-se da donzela e, dirigindo-se aos capitães das decanias, unidas no topo do outeiro, disse-lhes em romano, com voz que simulava profunda cólera:

— Os inimigos entraram no campo e acometeram a própria tenda de Abdulaziz. Os soldados do conde de Septum lhes deram passagem; porque a eles estava confiada a guarda do campo. Em qual das atalaias estão os traidores?

— Os valentes da Transfretana nunca mereceram esse nome — replicou um dos decanos ou capitães dos esculcas. — Foi aqui onde deram o passo aos inimigos; mas o caminho destes foi por cima dos seus cadáveres. Julgai-os.

E as duas decanias afastaram-se para os lados. Vinte cadáveres estavam lançados por terra.

— Sobre eles não caiu o opróbrio na sua última hora — disse o guerreiro depois de contemplar um momento aquele espectáculo. — Abdulaziz ordena que se guardem estreitamente as saídas do campo. Não tardam os cavaleiros zenetas que vêm ajuntar-se nas atalaias convosco, a fim de que nenhum infiel possa escapar, enquanto nós vamos conduzir para lugar seguro, fora do arraial revolto, a escrava querida do amir. Vinde! — prosseguiu ele, voltando-se para o companheiro.

Atravessando por entre os soldados tingitanos, a donzela e os seus libertadores começaram a descer apressadamente a encosta.

Já os três fugitivos iam a alguma distância, quando, como tomado de uma ideia súbita, um dos esculcas exclamou:

— Aquele homem é godo! Nenhum árabe fala assim a língua romana: muito menos os broncos guerreiros de Al-Sudan. Por minha fé, que são inimigos!

Os acontecimentos inesperados dessa noite, a incerteza em que se achavam os esculcas sobre o que sucedia no arraial, a rapidez com que se passara esta cena e, sobretudo, a audácia e o tom imperativo com que o desconhecido falara não haviam dado lugar à reflexão e às suspeitas. Mas as palavras do soldado foram para todos um raio de luz:

— Tens razão, bucelário — atalhou o capitão da decania. — Fazei-os parar.

Os três, que já iam a meia encosta, ouviram muitas vozes clamar:

— Esperai!

— Somos perseguidos! — disse em voz baixa aquele que ficara junto da donzela enquanto o outro falava com os vigias.

— Está salva! — respondeu o companheiro, que parecia ter concentrado todos os seus cuidados num pensamento único, a fuga de Hermengarda.

Duas frechas lhes sibilaram então por cima das cabeças.

— «Covadonga e Pelágio!» — gritou o que proferira as últimas palavras. Eram chegados à raiz do monte, junto ao qual uma planície inculta e coberta de urzes se estendia até ir topar com os bosques que povoavam os primeiros cabeços das serranias setentrionais.

A esta voz, lá na orla da floresta, ao cabo do sarçal, surgiram de repente uns reflexos metálicos, que se agitavam trémulos, semelhantes à fosforência de um marnel por noite sem lua. Depois, o grito de «Covadonga e Pelágio!» foi repetido daquele lado da gandra, como respondendo ao que soltara o cavaleiro.

— São os nossos valentes irmãos — disse ao companheiro o que falara com os decanos das tiufadias transfretanas. — São nossos irmãos, que nos esperam. Tu, SancIón, guiarás ao meio deles a nobre irmã do duque de Cantábria. Entretanto eu reterei aqui os miseráveis renegados, que já descem do outeiro a perseguir-nos; retê-los-ei enquanto alcançais a entrada do bosque e vos embrenhais na serrania, seguindo ao norte. A agrura das montanhas e a profundeza dos vales das Astúrias demorarão os inimigos, quando eu haja de perecer e não puder embargar-lhes os passos. Ide-vos.

— Não perecerás sem mim, cavaleiro negro — replicou o fero Sancíón. — Cumprirei o que ordenas, porque jurei obedecer-te cegamente enquanto não salvássemos a irmã de Pelágio. Mas, apenas alcançar a orla da floresta onde mandaste esperar os nossos dez companheiros, voltarei com todos os que me quiserem seguir. Para guiar a filha de Fávila bastam dois guerreiros: o resto não bastará, talvez, a reter durante o tempo necessário para a fuga a turba dos infiéis que se aproxima.

E, sem esperar a resposta do cavaleiro negro, Sanción adiantou-se, dizendo à donzela, que apenas pudera perceber algumas palavras truncadas da conversação dos dois:

— Partamos!

E a galope, acompanhado de Hermengarda, brevemente se alongou pela vereda torcida, que se distinguia no meio das moitas, como beta alvacenta estampada no tapete escuro das sarças.

A atenção do cavaleiro negro, que os seguira com os olhos, foi, porém, distraída para o outro lado pelo tropear, já pouco distante, dos corredores transfretanos, que a toda a brida se acercavam dele. Era chegada a ocasião de mostrar o extremo do seu esforço.

XV

AO LUAR

Das brenhas através afugentando-os,
Coa rápida carreira à ponte impele-os.

Ofício Moçárabe: Hino de S. Torquato

Os socorros dados imediatamente a Abdulaziz tinham-lhe restituído o sentimento da vida. O clarão da sua tenda, que ainda ardia a poucos passos do lugar para onde o haviam transportado, foi a primeira cousa que lhe feriu a vista ao descerrar os olhos do letargo em que estivera submerso. Esse facho desmesurado, cujo foco vermelho lhe aparecia coberto de vasta cúpula de fumo negro, o crepitar do incêndio, o rumor e alarido do arraial e a inquietação que se lia nos gestos dos que o rodeavam retraçaram-lhe subitamente no espírito a cena que se passara, pouco antes, naquele pavilhão incendiado. Era um quadro complexo e terrível: e o primeiro sinal de vida que o amir deu foi um grito de horror e desesperação. Alçando violentamente o corpo, ficou assentado sobre o almatrá em que estava deitado. Com o rosto lívido e tinto do sangue que lhe corria da fronte e o olhar espantado e feroz, hesitar-se-ia, ao vê-lo, em resolver se esse vulto era o de homem vivo, se o de morto que, afastando o sudário, se fosse erguer da cova para revelar algum dos temerosos mistérios que encerra a aparente quietação do sepulcro. Parecia que o aspecto do amir convertera em estátuas todos os circunstantes: a imobilidade era

146

completa, e o silêncio profundo.

Mas uma e outra cousa duraram apenas rápido instante. Com a voz rouca e afogada, o árabe rugia:

— Segui-o! segui o infiel!... As suas armas são negras e semelhantes às dos guerreiros de Al-Sudan... A melhor cidade do Gharb e a mais bela das minhas escravas a quem mo trouxer vivo aqui! Todos!... Ide, trazei-mo vivo! Prestes, xeiques, vális, caides, cavaleiros do profeta! Prestes! correi após o meu assassino!

As palavras de Abdulaziz revelavam o delírio da sua alma; xeiques, vális e caides olharam tristemente uns para os outros e não fizeram um único movimento.

— Quê! Não me obedeceis? Não obedeceis ao filho de Musa — exclamou o amir — porque a sua voz não soa no meio das trombetas e tambores; porque ele não cinge a espada, nem cavalga o seu corcel de batalha? Sem mim, aterram-vos as solidões das montanhas? Xeiques do Sara e de Barca, vális de Andaluz, caides e almocadéns do exército dos crentes... sois covardes e desleais. Quando corre este sangue, vós não sabeis vingá-lo!

— Não somos desleais nem covardes, Abdulaziz — interrompeu o mancebo Abdallah, o único dos chefes árabes que ousava replicar ao amir nos seus violentos acessos de furor. — Mas como queres que te obedeçamos, se não sabemos de quem te havemos de vingar? De um indivíduo ou de milhares deles; dos adoradores de Deus ou dos infiéis nazarenos; de nossos irmãos ou de nossos inimigos, não nos importa. Terás a vingança que pedes, inteira quanto mãos de homens a podem dar. A torrente dos teus cavaleiros espera, apenas, que profiras um nome e apontes um lugar, para correr destruidora e irresistível. Não deves antes disso condenar-nos.

— Quereis um nome e um lugar? — interrompeu o amir. — Ainda, pois, não os adivinhastes? Pelágio e as montanhas do Norte. Lá, lá!... Era ele ou um demónio o que me feriu... Porquê?... Quando?... Oh, agora me lembra. Ia possuí-la, e roubaram-ma! Por alto preço pagarão os nazarenos de Al-djuf[28] tanta audácia. A cavalo, almogaures do deserto... Persegui-o até o encontrardes. Mas vivo... quero-o vivo em minhas mãos! Ai daquele que o matar!

Alguns dos xeiques iam já a sair da tenda para executar as

ordens do amir. Um brado súbito deste os fez parar.

— Não!... Não partireis sem mim! Quero acompanhar-vos; hei-de acompanhar-vos pelas brenhas e desvios; quero assistir à carnificina desses mal-aventurados que ainda resistem aos decretos de Deus. É preciso que em breve estejam nas minhas mãos Pelágio e sua irmã. Ambos!... Que me tragam ambos!

Daí a pouco, umas andas forradas de telas preciosas recebiam Abdulaziz, conduzido para ali sobre o mesmo almatrá ensanguentado em que os médicos judeus lhe haviam ligado as feridas. Rodeavam as andas os cavaleiros negros de Al-Sudan. Duzentos berberes, filhos das serranias do Atlas, estavam, também, em volta delas: estes deviam transportá-las a giros pelos alcantis das Astúrias. As renques de tendas alvejantes, pontiagudas, formando uma como vasta cidade, e que, ao subir da Lua, davam ao arraial o aspecto de um cemitério do Oriente, sem os ciprestes fúnebres e esguios; toda essa multidão de pavilhões brancos, semelhantes a um mar de pirâmides, havia desaparecido, e apenas o luar, batendo nos ferros das lanças dos esquadrões cerrados e na geada que caía sobre os turbantes dos cavaleiros, refrangia trémulo um clarão prateado.

E o sussurro que se ouvia entre tantos milhares de homens era, apenas, o murmúrio das respirações opressas pelo frio nocturno e o resfolegar dos ginetes, aspirando o nevoeiro húmido que se alevantava da terra.

Mas lá, na vanguarda, para o lado das atalaias do norte, donde se descortinavam os topos recortados das montanhas sobre o chão claro do céu, como fileiras de gigantes petrificados durante uma dança de embriaguez, tão fantásticos eram os seus contornos, ouvia-se o ruído alto e indistinto do cruzar de muitas vozes, do tropear de muitos cavalos; viam-se lampejar as armas nos visos dos dois últimos outeiros que por aquela parte rodeavam o campo, e agitarem-se ondas de vultos humanos e sumirem-se, onda após onda, como se os devorasse voragem aberta de súbito debaixo de seus pés: eram os cavaleiros que transpunham a eminência. O exército detrás daqueles dois outeiros, que formavam como um ponto único, vinha sucessivamente engrossando até o lugar em que estava Abdulaziz. Parecia um desmesurado triângulo de ferro, a ponto de ir bater na muralha da serrania, que, vestida com a sua

148

armadura de selvas, esperava o embate daquele disforme vaivém, que já começava a oscilar ante ela.

Uma cena horrenda se passava entretanto, além das atalaias, no extenso sarçal que se estendia até o sopé das primeiras montanhas. Os soldados transfretanos tinham-se lançado pela encosta abaixo atrás dos fugitivos. Ao chegarem à planície, um dos três desconhecidos estava diante deles, esperando-os quedo no meio da estreita trilha aberta por entre as urzes. A acha de armas goda e a cadeia que lha prendia ao braço reluziam unicamente naquele vulto, cujo saio e cavalo negros e cujo silêncio profundo faziam lembrar um desses espectros errantes alta noite pelos lugares desertos.

Os outros dois vultos galopavam a alguma distância, encaminhando-se para a orla do bosque, onde continuavam a reverberar reflexos de armas polidas.

— Quem és tu? — disse um dos capitães das decanias, dirigindo o cavalo para o vulto negro. — Quem és tu, que ousaste enganar os atalaias do campo de Abdulaziz, os guerreiros do conde de Septum?

— Sou um homem que ainda não renegou nem da Cruz, nem da Espanha; um homem que não aceitou o ouro dos bárbaros para ser o assassino covarde de seus irmãos.

— Miserável, que ajuntas ao engano a insolência! — rugiu o decano, alçando a espada. — As derradeiras palavras de orgulho e rebeldia acabam de sair-te dos lábios.

Últimas palavras foram, porém, as do decano: a borda girou sibilando no ar, e o guerreiro transfretano caiu para o lado morto, como se o fulminara o raio.

Com um grito de horror e de cólera, os que o seguiam precipitaram-se para o desconhecido.

Rodeado de quase vinte homens, o cavaleiro negro repetia apenas uma parte das gentilezas que praticara na fatal jornada do Chrysus. A cada golpe da borda respondia um gemido de moribundo; depois, uma injúria ameaçadora dos que ficavam; depois, um rir de desprezo do cavaleiro, e daí a pouco, um novo gemido de alma que se despedia da terra. O tropel dos pelejadores rareava de instante a instante.

Mas os que expiraram não ficarão sem vingança. Os cabos das

decanias, antes de seguirem os fugitivos, tinham enviado um bucelário que relatasse a Juliano o que sucedera na atalaia e como eles iam no alcance daqueles a quem irreflectidamente haviam dado passagem. O bucelário fora encontrar o conde junto de Abdulaziz. A sua narração e o que se passara na tenda do amir eram dois factos que mutuamente se explicavam. Os esquadrões mais bem encavalgados foram despedidos logo em seguimento dos fugitivos. Na ideia de que só Pelágio podia ter audácia bastante para vir acometer o filho de Musa na sua própria tenda, os capitães do exército muçulmano não duvidaram um momento de que fosse ele o desconhecido. Colhendo-o às mãos antes de se unir aos seus montanheses, o extermínio destes seria fácil empresa. Assim, os melhores almogaures deviam persegui-lo sem descanso nem tréguas até o cativarem. Sendo assaz numerosos para resistirem a qualquer recontro inesperado dos godos das Astúrias, bastaria que o grosso do exército os seguisse de perto para fazer que a vitória fosse indubitável e completa.

Uns após outros, os esquadrões dos almogaures desciam já dos outeiros: o ruído do combate e o brilho das armas serviam-lhes de guia. Pareciam rolar pela encosta e, cegos na carreira, atufavam-se no mato, que estalava debaixo dos leves pés dos ginetes árabes. O cavaleiro viu-os e pensou. Esperar a pé firme milhares de homens não era esforço, era loucura. Além disso, os seus companheiros deviam ter-se já embrenhado nas selvas com a irmã de Pelágio. Até aí não fizera mais do que defender-se dos soldados transfretanos que o cercavam; mudando, porém, da defensão para o cometimento, arrojou-se contra os seus adversários, e em poucos instantes os que não caíram ante a acha de armas foram constrangidos a fugir, buscando amparar-se no meio dos esquadrões que se aproximavam.

Então o cavaleiro deu volta. A senda alvacenta que se estirava por entre o mato até à floresta começou a embeber-se-lhe debaixo dos pés do ginete. À vista, assemelhava-se a um rolo de fita, estendido e retesado por momentos, que, solto, busca, volvendo-se de novo, a sua curvatura anterior. A rapidez da corrida era quem o podia salvar: a dianteira dos almogaures árabes hesitara vendo recuar tantos homens diante de um homem só; porém, ao retroceder do cavaleiro, lançavam-se despeadamente após ele para o alcançarem antes que chegasse ao bosque.

Mas a distância que os separava era grande, e os árabes, lançando-se às cegas por entre as sarças e estevas e enredando-se nelas, retardavam-se a si próprios e aumentavam essa distância. A sua alarida, que ia retumbar ao longe nas anfractuosidades da serra, ajudava o esporear do guerreiro com o espanto que produzia no ágil e robusto ginete.

Já bem perto do extremo da selva, o cavaleiro pôde distinguir uns vultos que pareciam esperá-lo. Ao seu bradar «Covadonga e Pelágio!» respondeu o mesmo brado, proferido por uma voz retumbante. Conheceu-a: era a de Sanción. O fero gardingo cumprira a sua promessa. A despedida dos cristãos do campo de Abdulaziz devia ficar escrita com letras de sangue na história dos triunfos do Islame.

Chegando à orla do bosque, as primeiras palavras que o cavaleiro negro soltou foram dirigidas a Sanción:

— Porque voltaste sem vo-lo eu ordenar, vós os que tínheis jurado obedecer-me em tudo? Onde está a irmã de Pelágio?

— Segue os desvios da serra — respondeu Sanción. — Astrimiro e Gudesteu a acompanham: Hermengarda está salva. Só até este ponto nos ligava o juramento que demos. Foste nosso capitão: agora cessaste de o ser. Homens livres numa terra serva, queremos combater onde tu combates, morrer se tu morreres. Ao menos — acrescentou em tom amargo — não poderás dizer de novo que foste o último no pelejar enquanto os valentes fugiam.

— Louco! — exclamou o cavaleiro negro. — Junto do Chrysus a Espanha pedia aos seus filhos que morressem sem recuar: aqui é também a pátria que exige dos seus últimos defensores que não se votem a morte inútil. Fujamos! vos digo eu; porque a fuga não pode desonrar aqueles que mil vezes têm provado quanto desprezam a vida. Vede... Não são apenas alguns corredores que nos perseguem: são esquadrões e esquadrões de agarenos que transpõem após nós a assomada.

Mas eles não o escutavam: Sanción, seguido dos seus nove companheiros, investia com os árabes, que tinham entretanto chegado.

Semelhante à segure, entrando no âmago do carvalho, sob os golpes do robusto lenhador, aquele punhado de homens, a cuja

151

frente se achava Sanción, penetrou no maciço da cavalaria árabe.
O ferir das espadas nos saios e elmos retiniu num som estridente, e
a alarida dos sarracenos foi cortada por momentâneo silêncio:
depois, ouviram-se alguns gemidos abafados, a que sucederam
novos gritos de ameaça e furor e o bater e o reluzir trémulo do
ferro, cruzando-se com o ferro, e o tropear confuso dos ginetes em
recontro bem travado. Os árabes haviam parado diante de tanta
ousadia. Mas, logo que o primeiro espanto passou, os dez guerreiros cristãos, acometidos por todos os lados, começaram a recuar.
O cavaleiro negro, que ficara quedo, disse-lhes então:

— Quisestes tentar o Senhor com uma façanha inútil, e o
Senhor vos abandona. Salvai as vidas! Exige-o o desagravo da
Cruz e a liberdade da Espanha!

E pondo-se ao lado de Sanción fez girar a sua borda destruidora no meio dos infiéis. Naquele ímpeto os inimigos também
recuaram, e o cavaleiro, aproveitando este rápido instante, prosseguiu:

— Aos que se envergonham de poupar a vida, para a perder
com glória quando o dia do sacrifício chegar, darei eu o exemplo!
Podeis dizer aos nossos irmãos que o primeiro em fugir foi aquele
que nunca fugiu: foi o cavaleiro negro!

E, voltando as costas aos agarenos, internou-se na espessura.

Habituados a considerar o desconhecido como um ente misterioso e extraordinário, os guerreiros de Sanción deram volta e o
orgulhoso gardingo viu-se obrigado a imitá-los.

Ei-los vão! Endireitando a carreira para o lado do norte,
dirigem-se após Hermengarda, enquanto os almogaures árabes,
guiados pelo ruído dos ginetes, os cerram de perto. Os esquadrões,
penetrando na selva, assemelhavam-se a uma serpe disforme, que
se desenrolava, coleando e estirando-se por entre o arvoredo, e
que de momento a momento ameaçava tragar os fugitivos, os
quais mal podiam conservar uma pequena distância entre si e os
seus implacáveis perseguidores.

A Lua passava então nas alturas do céu. O ar, posto que frio,
estava manso e diáfano. Era uma formosa noite de Inverno; mais
formosa que as sossegadas noites do Estio. As árvores, na maior
parte desfolhadas, deixavam o luar, por entre os ramos despidos e
tortuosos, desenhar no chão figuras estranhas, que vacilavam

indecisas: os robles nodosos e calvos, misturados com os rochedos piramidais, que se alevantavam irregulares e fantásticos nas arestas das encostas íngremes, nas lombadas penhascosas das serras, pareciam fileiras de demónios, caminhando de roldão a despenharem-se nos vales ou dançando nos visos das alturas. Os cavaleiros, correndo à rédea solta, sentiam coar-lhes nas veias involuntário terror, aumentado pelo estrupido soturno da cavalaria sarracena, que soava e ia morrer a grande distância num quase imperceptível sussurro.

A fúria da carreira crescia ao passo que os fugitivos se embrenhavam na maior espessura da floresta. Durante algum tempo, eles tinham podido descortinar os píncaros das montanhas e, lá muito ao longe, os mais altos cabeços do Vínio, que reflectiam o luar no seu manto prateado de neve.

Mas a selva já começa a rarear, e os ginetes a resfolegarem com mais violência: de instante a instante os cavaleiros cristãos, espreitando as estrelas do horizonte, que lhes servem de guias, vêem fugir aquela teia enredada, que as franças das árvores lhes afiguram como lançada sobre o chão claro do firmamento. Menos frequentes, as bastas e perenes folhagens dos medronheiros passam como globos negros, que, elevando-se a pouca altura da terra, voam despedidos, por um e por outro lado, para trás deles. É que os onze guerreiros principiam a galgar as alturas que são como a base irregular das montanhas, como o pedestal comum daqueles obeliscos da criação. O galope dos corcéis dá um som áspero de ferro batendo em pedra, e o alvejar desta revela que as torrentes passaram por lá e arrastaram a relva e os musgos que a humidade fizera nascer no Outono sobre o pó acumulado nos barrocais pelas ventanias do Estio. Naquele solo pedregoso e revolto torna-se mais dificultosa a fuga, e o ímpeto da carreira afrouxa visivelmente. Os árabes começam a sair dentre os arvoredos e a aproximar-se dos cristãos. Enquanto estes tenteiam a medo o chão mal gradado, que lhes rola debaixo dos pés dos cavalos, porque para eles o tropeçar, o vacilar é a morte, os seus numerosos perseguidores, atentos só a alcançá-los, galgam por cima do desgraçado almogaure que, derribado pelos próprios companheiros, expira sem combate, sem glória e sem que a perseguição dos fugitivos deixe por isso de ser, como até aí, incessante, implacável,

153

vertiginosa.

Depois de subirem a encosta, o cavaleiro negro e os que o seguiam viram alongar-se diante deles uma chapada plana, em cujo topo a serra se alteava de novo, com os seus mil acidentes de cordilheiras cortadas, de algares profundos, de gargantas selvosas, ao lado das quais os picos agudos se atiravam para o ar ou pendiam sobre os abismos e torrentes. A natureza, mais rude naquelas paragens, tinha um aspecto soturno, vista assim, ao perto e à luz da Lua: era como um oceano tempestuoso, onde todas as gradações da morte-cor se confundiam e misturavam, desde a brancura desbotada e pálida do rochedo até à pretidão fechada dos pinheiros retintos nas sombras da noite.

E por aquela dilatada chã os onze esforçados largam rédeas aos ginetes e ensanguentam-lhes o ventre com o esporear incessante: o ruído do próprio correr já não o sentem; confunde-se no estrupido do esquadrão de árabes que de mais perto os segue. A vingança vai-lhes no alcance; e, se algum volve atrás os olhos, aquele turbilhão enovelado que rola após eles, negro, rápido, tortuoso, composto de centenares de vultos, cujos olhos afogueados reluzem nas trevas, cujos dentes alvejam como os do javali irritado, assemelha-se-lhes a uma legião de demónios, e a um rir infernal o tinir das espadas, o resfolegar dos cavalos, e o murmurar dos cavaleiros, que parece entoarem-lhes já o hino de morte.

Na extensa chapada, tanto a fuga como a perseguição eram um frenesi, um delírio. Cristãos e muçulmanos desapareciam por entre as sarças cobertas de orvalho, e o ar, dividido violentamente, zumbia-lhes em roda, como um gemido contínuo. Cristãos e muçulmanos punham o extremo da diligência nesta última tentativa. Além da planura, os alcantis e as selvas gigantes eram a esperança de uns, o desalento doutros. Ali, os precipícios cortavam subitamente os caminhos abertos pelas feras nas balsas, e ao cabo de vale fundo os rochedos fechavam imprevistamente a saída: aqui, a senda tortuosa ia morrer na torrente; lá, a torrente em catadupa. Os godos, afeitos àqueles desvios alpestres, sabiam-no; os árabes adivinhavam-no ao descortinarem o espectáculo que tinham ante si, essa espécie de caos nascido das grandes convulsões do globo na sua vida de muitos séculos, que a baça claridade da noite tornava ainda mais fantástico.

Enfim, os cristãos atravessam a gandra e começam a embrenhar-se nas solidões das mais agras montanhas. Os agarenos redobram então de energia; mas debalde. Poucos passos medeiam entre uns e outros, e os fugitivos sentem já o resfolegar dos cavalos e o respirar alto dos inimigos; mas esse espaço não se encurta. Aí, parece estar de permeio o braço da Providência, que quer salvar os defensores da Cruz. Furiosos, esquecidos da vontade de Abdulaziz, que exige para pasto dos tormentos aquelas poucas vidas, os guerreiros do amir despedem de longe as lanças, que vão pela maior parte cravar-se nos troncos dos robles. Duas, porém, silvam por entre os fugitivos; ao mesmo tempo dois ginetes param, vacilam e caem. São os de Viterico e Liúba, os mais moços dos onze guerreiros. Sem transição, sem esperança, o espectro da morte se lhes ergue diante dos olhos fatal, incontrastável. «Oh minha mãe, vem receber o teu filho!» foram as únicas palavras que proferiu Viterico. Era às recordações maternas e à saudade que esse último grito de um moribundo cheio de vida se dirigia. Liúba também murmurou um nome; mas só ele e Deus o ouviram. Era o da sua amante, violada e morta na tomada de Emérita. No transe final, aquela alma pura não revelara aos homens o mistério do amor, da desesperação e do sepulcro. Órfão no mundo, separado daquela em quem empregara o afecto de um coração virgem e que tão tristemente perdera, Liúba, solitário sobre as ruínas da Espanha e sobre as ruínas da própria existência, era o primeiro em se arrojar aos perigos; e nessa noite, enfim, chegava para o desgraçado a hora apetecida do repousar eterno.

Debalde os almogaures dianteiros tentaram suster a corrida, para colher às mãos os dois godos derribados. Impelidos pelos que os seguiam e arrastados pela própria fúria, galgaram por cima deles; e quando, aos gritos dos almocadéns, ao sofrear dos cavalos, ao baralharem-se os esquadrões em mó apinhada e ao abrirem aos lados, puderam erguê-los do chão onde jaziam, as suas almas tinham subido ao céu, e os seus cadáveres, esmagados, sanguinolentos, desconjuntados, eram duas cousas informes, em que apenas se divisavam vestígios de vultos humanos.

Logo que Viterico e Liúba caíram, um movimento incerto de hesitação afrouxara um pouco a fuga dos seus companheiros; mas a voz de «avante!» proferida pelo cavaleiro negro lhes troou nos ouvidos, e essa voz foi seguida de algumas palavras travadas de lágrimas, de que davam visível sinal o trémulo e cortado com que eram proferidas:

— As almas de dois mártires sobem neste momento ao céu: eles orarão ao Senhor para que salve a liberdade e a vida de seus irmãos, que só querem uma e outra para combaterem pelos altares de Cristo.

Ditas estas palavras, o cavaleiro negro cravou as esporas no ventre do ginete, e repetiu:

— Avante!

E os outros godos seguiram-no sem hesitar mais: a carreira tinha-se convertido numa espécie de fúria louca e desesperada.

Os almogaures, desordenados já, retidos pelas diligências que faziam para alçar os dois cadáveres, e embaraçando-se uns aos outros, viram desaparecer os godos numa garganta estreita, entre rochedos e balsas, enquanto os almocadéns lhes bradavam também:

— Avante!

E os primeiros que puderam obedecer-lhes atiraram-se por aquela espécie de fojo cavado pelas torrentes de muitos séculos; mas as sinuosidades da penedia encobriam-lhes os godos, e, obrigados a parar frequentemente para conhecerem a que parte eles se encaminhavam, cada vez sentiam mais remoto e ténue o tropear dos ginetes.

Dir-se-ia que as palavras do cavaleiro negro haviam sido proféticas: o sangue dos dois mártires fora, talvez, o preço da redenção dos fugitivos.

XVI

O CASTRO ROMANO

A desconforme profundeza do alto precipício aí está
patente: ele gera terror no homem que o contempla de
cima.

VALÉRIO BERGIDENSE: *Explanações*

A hora de amanhecer aproximava-se: o crepúsculo matutino
alumiava frouxamente as margens de rio mal-assombrado, que
corria turvo e caudal com as correntes do Inverno. Apertado entre
ribas fragosas e escarpadas, sentia-se mugir ao longe com incessante ruído. A espaços, destorcendo-se em milhões de fios,
despenhava-se das catadupas em fundos pegos, onde refervia,
escumava e, golfando em olheirões, atirava-se maciço e atropelan-
do-se a si mesmo, pelo seu leito de rochas, até de novo ruir e
despedaçar-se no próximo despenhadeiro. Era o Sália, que de
queda em queda rompia dentre as montanhas e se encaminhava
para o mar Cantábrico. Perto ainda das suas fontes, o Estio via-o
passar pobre e límpido, murmurando à sombra dos choupos e dos
salgueiros, ora por meio das balsas e silvados, que se debruçavam,
aqui e acolá, sobre a sua corrente, ora por entre penedias calvas ou
córregos estéreis, onde em vão tentava, estrepitando, recordar-se
do seu bramido do Inverno. Mas quando as águas do céu começavam nos fins do Outono a fustigar as faces pálidas dos cabeços, a
ossada nua das serras, e a unir-se em torrente pelas gargantas e
vales, ou quando o sol vivo e o ar tépido dum dia formoso derre-

157

tiam as orlas da neve que pousava eterna nos picos inacessíveis das montanhas mais elevadas, o Sália precipitava-se como uma besta--fera raivosa e, impaciente na sua soberba, arrancava os penedos, aluía as raízes das árvores seculares, carreava as terras e rebramia com som medonho, até chegar às planícies, onde o solo o não comprimia e o deixava espraiar-se pelos pauis e juncais, correndo ao mar, onde, enfim, repousava, como um homem completamente ébrio que adormece, depois do bracejar e lidar da embriaguez.

Na margem direita do rio, que então passava grosso de cabedais por um dos vales que retalham as montanhas das Astúrias no seu pendor ocidental, viam-se ainda no princípio do oitavo século as ruínas de antigo castro ou arraial romano. Jaziam estas em uma espécie de promontório de rochas, pendurado sobre a veia de água e talhado quase a pique por todos os lados. Na borda do espaçoso lajedo, que formava como uma eira irregular, avultavam fragmentos de grossos panos de valos de pedra, e no alto de uma ladeira íngreme que conduzia à entrada daquele circuito achavam-se os vestígios de uma porta de campo, provavelmente a pretoria; a decumana, fronteira a ela, fazia, fora do valo, um limitado terreirinho, em cujo topo, e a bastante profundidade, passava o rio negro e veloz com mugido contínuo. Ainda na borda do rochedo aprumado sobre a água se enxergavam alguns orifícios profundos, que mostravam terem servido para embeber as traves de ponte lançada para a outra margem, também elevada e penhascosa. A situação daquelas ruínas, a forma quase circular dos valos e a sua disposição interior evidentemente indicavam um desses hibernáculos ou arraiais de Inverno alevantados pelas legiões de Roma nas suas tentativas repetidas e quase sempre inúteis para subjugar os celtiberos das cordilheiras da Cantábria e das Astúrias.

A ponte romana, porém, se outrora aí existira, haviam-na consumido as injúrias das estações. Em lugar dela, os habitantes daqueles desvios tinham tombado através do Sália um roble gigante, um dos filhos primogénitos da terra, que nos seus dias seculares fora enredando as raízes nos seios da pedra, até irem beber no leito do rio. A árvore monstruosa, derribada por cima da corrente, caíra sobre o alcantil fronteiro e vivia de uma vegetação moribunda, que mal podia conservar através do cepo, arrancado quase inteiramente do solo. Calva e musgosa, apenas alguma vergôntea, que lhe rompia da enrugada epiderme na Primavera para morrer no Estio, dava sinal de que o rei dos bosques ainda não era inteiramente cadáver. Mas essa pouca vida bastava para que a obra rude dos bárbaros montanheses durasse por mais anos que a edificação regular e sólida dos antigos metatores ou engenheiros das legiões romanas. Para aqueles, todavia, que não estivessem afeitos a perseguir a zebra pelas encostas escarpadas, a galgar os precipícios após a cabra-montês e a combater com os ursos e javalis nas bordas dos fojos, sem se lhes turbar a vista; para esses tais a ponte vegetal dos Astúrios seria um sítio arriscado. No meio do passo estreito, irregular e cilíndrico, sentindo e vendo mugir e desaparecer debaixo dos pés a corrente inchada e turva, quase impossível lhes fora não vacilar: mas ao vacilar seguir-se-ia o despenhar-se, e ao despenhar-se a morte. À altura da queda e ao ímpeto das águas ajuntava-se o agudo dos rochedos, entre os quais o rio, escumando, se estorcia e despedaçava.

Ao partir de Covadonga e ao dirigir-se para o campo de Abdulaziz, os cavaleiros cristãos tinham rodeado o Vínio, seguindo mais ao oriente; mas, habituados, nas suas contínuas correrias, a discorrerem pelos atalhos e carris das montanhas, de antemão previam que, no caso de levarem a cabo a temerária empresa que cometiam, a agrura da serra seria a sua melhor defesa contra a perseguição dos árabes. Assim delinearam o caminho que deviam seguir na fuga, vindo atravessar o Sália, já perto do seu esconderijo, naquela espécie de passo fortificado, conhecido ainda entre os Godos pelo nome de *Castrum Paganorum* ou arraial dos pagãos.

Foi justamente ao tingir-se o céu da faixa avermelhada que precede o surgir do Sol, que dois cavaleiros galgaram ao galope a ladeira que dava acesso para as ruínas do castro romano. No meio deles, cavalgando também um alazão ágil e ao mesmo tempo robusto, uma dama vestida de branco parecia mal poder já manter-se na sela, segurando-se umas vezes ao arção, outras às crinas flutuantes do valente animal. Eram Hermengarda e os seus dois guardadores que chegavam, finalmente, às margens do Sália. Pouco devia tardar o instante em que a formosa irmã de Pelágio achasse, depois de tantos perigos e terrores, abrigo e paz nos rudes paços de seu esforçado irmão.

Mas a corrida violenta e incessante por sendas montuosas e

159

ásperas tinha exaurido as forças da filha de Fávila, como os sucessos por que passara desde que partira de Tárraco lhe tinham quase aniquilado as do espírito. Ao chegar ao meio daqueles restos do acampamento romano sentia-se desfalecer de cansaço, ao passo que a febre e a sede lhe devoravam as entranhas. Os dois cavaleiros, olhando para ela, viram-lhe, com a luz da alvorada, as faces tintas de palidez mortal. Às vezes, durante o caminho e, sobretudo, nos sítios mais altos, quando as lufadas do norte acalmavam momentaneamente, percebiam ao longe um débil ruído, soturno e contínuo, que se assemelhava ao tropear de cavalos; mas havia horas em que apenas sentiam o estrupido do galopar dos próprios ginetes, bem que o vento houvesse caído de todo na antemanhã. Inquietos, também, pela sorte dos companheiros que tinham deixado atrás de si, resolveram parar no meio daquelas ruínas. Salteados de improviso pelos árabes, fácil lhes seria transpor a ponte natural que tinham diante, e as poucas raízes que prendiam o moribundo carvalho à margem oposta cederiam bem depressa aos gumes afiados dos seus franquisques. Então o tronco da velha árvore se despenharia no abismo, e o leito profundo e escarpado do Sália ficaria como uma barreira entre eles e os inimigos.

Descavalgados, os dois guerreiros tomaram nos braços a irmã de Pelágio e foram recliná-la sobre um montículo coberto de relva e musgos, que, pela sua situação no lugar onde, provavelmente, ficava a divisão entre o pretório e a parte inferior do campo, dava indícios de ser o assento das aras dos deuses, que os Romanos usavam colocar no meio dos arraiais. Regelada exteriormente, ao passo que o ardor febril lhe queimava o sangue, Hermengarda, apenas tocou em terra, só pôde pronunciar a palavra *sede*, caindo amortecida sobre a relva orvalhada. O único sinal que nela revelava a vida era o tremor convulso que violentamente a agitava.

Enquanto Astrimiro subia ao valo, de cujo topo se descortinava melhor, posto que a breve distância, o caminho que haviam seguido, Gudesteu trabalhava em ajuntar alguns troncos de árvores e as folhas secas amontoadas pelos ventos do Estio que as chuvas outonais ainda não tinham arrastado. Brevemente o ar tépido de uma fogueira fez volver a si a donzela: o cavaleiro ofereceu-lhe um pequeno frasco de sícera que desprendera do arção e que lhe restituiu algum vigor aos membros entorpecidos. Depois, Gudesteu chamou o seu companheiro e disse-lhe:

— Os ginetes não podem passar além. Ide e lançai-os para o lado oriental da montanha: eles buscarão o trilho acima das fontes do Sália e descerão a Covadonga.

E Astrimiro, guiando os três ginetes pela ladeira abaixo, afagou-os um a um e, segurando-lhes as rédeas ao efípio, deu um silvo com soído particular. Os ginetes fitaram as orelhas, aspiraram ruidosamente o ar e partiram ao galope, por meio da selva, para o lado que Gudesteu indicara.

Este, apenas os viu desaparecer, dirigiu-se para Hermengarda.

— É necessário, senhora — disse ele —, uma derradeira prova de esforço: é necessário partir já. Os nossos ginetes, ensinados a voltarem sós ao campo cristão do deserto quando os ardis ou os perigos da guerra nos obrigam a abandoná-los, não causariam nem estranheza nem receio ao aparecerem aí sem seus donos, se não fossem as circunstâncias extraordinárias da nossa correria. Mas quem poderá dizer ao duque de Cantábria qual sorte nos coube na temerária empresa que cometemos? Quem, senão vós mesma, restituída aos seus braços, lhe dará a certeza de que estais salva das mãos dos infiéis? Para nós, habituados a descer precipícios e a salvar torrentes, aquela ponte estreita e selvática é fácil de transpor, galgando-a rapidamente e sem volver os olhos para o abismo.

Invocai toda a energia da vossa alma, todas as vossas forças, para vencer este último obstáculo, e, dentro de poucas horas, veremos os cabeços que rodeiam a caverna de Covadonga. Em leito de ramos tomar-vos-emos sobre nossos ombros na margem fronteira; homens livres e gardingos, faremos mister de servos; porque sois uma dama e porque sois a irmã do nobre e valente Pelágio... Astrimiro, mostrai que o risco só existe quando existe o temor.

Então Astrimiro, olhando fito ante si, atravessou com passos firmes e ligeiros por cima do tronco arredondado e nodoso, e, num relancear de olhos, achou-se do outro lado.

Hermengarda compreendera bem a necessidade de coligir toda a robustez da sua alma naquele momento; mas, ao erguer-se, conheceu que os membros doridos e exaustos quase recusavam obedecer-lhe. Firmando-se, todavia, no braço de Gudesteu, encaminhou-se para o terreirinho exterior que se abria além dos valos sobre a torrente. Aí, antes de chegar ao temeroso trânsito, ajoelhou e, alevantando as mãos e os olhos ao céu, nem sequer se lhe viam mover os lábios, embebida em oração fervorosa e íntima. Com os seus trajos brancos e em completa imobilidade, dir-se-ia que era um destes anjos curvados sobre os lódãos de capitel gótico, que, no frontispício de catedral, parecem ser o símbolo da morada das preces, se os primeiros raios do Sol, cujo orbe mal despontava detrás das colinas, não revelassem nela a vida, cintilando-lhe nos cabelos dourados e no véu de duas lágrimas que lhe ofuscava os olhos e começava a deslizar-se-lhe em dois fios brilhantes ao longo das faces, onde o rubor da febre rompia por entre a palidez, como as papoulas rompem no meio da seara madura.

Depois de alguns instantes, alevantou-se de novo e encaminhou-se para o roble, cujo topo monstruoso se assemelhava à cabeça calva de um gigante que, inteiriçado, fincasse os pés na outra riba. Gudesteu seguia-a de perto, estendendo os braços involuntariamente, como querendo sustê-la, enquanto Astrimiro, também por movimento maquinal, em pé sobre as raízes torcidas da árvore e curvando-se para diante, lhe oferecia a mão robusta, como se a distância lhe permitisse alcançá-la.

No momento em que já punha o pé sobre o tronco, o reflexo alvacento da escuma, que fervia lá em baixo, no meio do crepúsculo frouxo do córrego profundo, e o estrépito da torrente, espadanando por entre os musgos e limos estampados nos panos irregulares do despenhadeiro, fizeram abaixar os olhos a Hermengarda para o abismo, como fascinação irresistível, como conjuro diabólico. Cravados naquele horrendo espectáculo, fitos, espantados, ela não podia despregá-los desse caos infernal das águas, que, redemoinhando ou jorrando contra os rochedos, ora negrejavam, precipitando-se compactas para diante, ora, repelidas, despedaçadas em ondas de escuma, repuxando cruzadas no ar ou espalmando-se nas faces da penedia, misturavam no seu confuso soído um murmurar e rugir como de dor, de cólera, de desesperação, de agonia, que vozes humanas não saberiam ajuntar e que só pode ser semelhante ao concerto de blasfémias dos condenados, entoando o hino atroz das eternas maldições contra Deus.

E Hermengarda sentia uma ânsia vertiginosa de se atirar àquela voragem; uma como atracção magnética, voluptuária, indi-

162

zível, a favor da qual lutava um sentimento misterioso e vago, mas que nem por isso era menos ardente, ao mesmo tempo que alma e corpo a repeliam pelo instinto e pelo amor da vida. Com as mãos contraídas, a fronte pendida e o olhar incerto de um moribundo, a donzela parecia haver sido petrificada no momento em que dera a primeira passada para transpor essa meta, além da qual, unicamente, existia a esperança.

Observando o gesto da irmã de Pelágio, Gudesteu viu que um instante bastaria para aniquilar o fruto dos perigos até aí corridos. Mais de uma vez, antes que se habituasse à sua vida de foragido, passando pelas bordas dos fojos, pelas quinas dos precipícios, ele próprio sentira essa fascinação do terror, esse magnetismo da morte que costuma subjugar-nos e atrair-nos quando pelas primeiras vezes nos achamos sobranceiros a algum abismo; sentimento de voluptuosidade dolorosa, que, paralisando-nos os movimentos, porque dobra em nós o terror, nos salva, talvez, do suicídio, ao mesmo tempo que para ele nos convida com atractivo inexplicável.

O cavaleiro, segurando violentamente o braço da donzela, desfez aquela espécie de encanto fatal, obrigando-a a recuar alguns passos. Então Hermengarda, como se acordasse de um sonho, murmurou: «Não posso!» E soluçava, e as lágrimas rolavam-lhe abundantes pelas faces macilentas. Em tremor convulso, os joelhos vergavam-lhe, e teria caído por terra, se Gudesteu não a houvera retido.

Astrimiro, que vira o movimento do seu companheiro, atravessou de novo a arriscada passagem. Um pensamento horrível passou a ambos pelo espírito: era que os árabes podiam chegar! Encararam-se mutuamente, e cada um deles notou que o outro tinha o gesto demudado. Gudesteu, volvendo a cabeça, lançou os olhos para a selva de que haviam saído, porque lhe parecera ouvir um rumor abafado. Astrimiro, que crera ouvir o mesmo, correu de novo ao valo.

E o ruído soava, de feito. Os dois cavaleiros nem respiravam. Era um tropear de cavalos à rédea solta: não havia que duvidar. Para eles em alguns instantes se resumiu, então, um século de transes mortais.

São nove: nove os que saem da espessura, correndo desordenados, e que se precipitam para as ruínas. São godos! Os largos ferros dos franquisques lá reluzem, batendo-lhes sobre as coxas no rápido galope: o lodo dos brejos enodoa-lhes as armas escuras e polidas. Ondeiam erriçadas as crinas dos corcéis, cujos peitos mosqueia a escuma, cujos freios tinge o sangue. O misterioso cavaleiro negro vem à frente deles.

— Ei-los! — brada Astrimiro, com uma espécie de alegria frenética. — Estão salvos!

— Salvos?! — interrompeu tristemente Gudesteu e, sem se mover, olhou para Astrimiro e, depois, para Hermengarda, que sustinha nos braços.

— Perdidos! perdidos connosco e como nós! — replicou em tom lúgubre Astrimiro, para quem a interrupção e o olhar de Gudesteu tinham sido raio de luz medonha. O Sália era a linha traçada pela feiticeira com a verbena mágica, além da qual não passará jamais aquele ante cujos pés ela a riscou. O juramento que tinham dado e, mais do que isso, a lealdade de guerreiros godos não lhes consentiam abandonarem a irmã do seu capitão; não lho consentiria o fero cavaleiro negro, esse homem ou esse fantasma, cuja vida era um segredo, cuja vontade era de ferro, cuja voz era um terror para inimigos e, para os seus, um decreto de cima.

E os nove num relance transpuseram o valo, galgaram a ladeira e atiraram-se de tropel ao meio das ruínas do arraial romano. O cavaleiro negro foi o primeiro em desmontar; os outros oito imitaram-no.

— Rápido, rápido! — disse ele. — Lançai os cavalos para as brenhas, e atravessemos o Sália! Não há um momento que perder, se queremos salvar-nos.

E ouviu-se um silvo acorde, único, estridente de todos os recém-vindos. Os ginetes soltos desceram de novo a ladeira, respirando com violência, e seguiram a pista dos três que pouco antes, ao sibilar de Astrimiro, se haviam embrenhado na floresta, seguindo ao oriente as margens do Sália.

O cavaleiro negro, porém, ao volver-se, recuou com um grito de espanto, que não pôde conter: fora naquele momento que vira Gudesteu e Hermengarda quase desfalecida, que este amparava.

— Vós aqui?! Ainda aqui?! — exclamou ele, com gesto de espanto misturado de aflição e perdendo a compostura solene e altiva que soubera até então conservar nas mais arriscadas situações, nos transes mais dolorosos. — Prestes, passai o rio. Os infiéis seguem-nos de perto, e os seus esquadrões não tardarão a transpor aquelas colinas. O Sália é a única barreira que pode tolher os passos a esses corredores africanos, iguais em robustez e ligeireza aos nossos corcéis das montanhas. Irmã de Pelágio! — acrescentou, dirigindo-se à donzela, que parecia alheia ao que passava junto dela, volvendo de instante a instante para a borda do despenhadeiro um olhar de terror. — Irmã de Pelágio, por Deus, que cobreis ânimo! Dois dos mais valentes guerreiros da Cruz lá os deixámos despedaçados sob os pés da cavalaria árabe: estes que vedes breve acabarão nos gumes dos ferros inimigos, se não puderem salvar-nos. Juraram-no: hão-de cumpri-lo. Não vo-lo imploro por mim: não quero; não posso querer de vós recompensa; mas os meus rogos são pelos irmãos de armas do duque de Cantábria, pelos que têm misturado com as dele as lágrimas do desterro, com ele tragado o pão negro do proscrito. Diante do Senhor não vos pediriam conta do seu sangue; não valera a pena: mas, quem sabe se não vo-la pedirá o Cristo pela sua religião, a Espanha pela sua liberdade?

Hermengarda não tinha ouvido ainda ao cavaleiro negro senão os sons quase inarticulados do seu grito de guerra: agora, porém, estas palavras, proferidas em tom enérgico, mas com voz trémula, troaram-lhe nos ouvidos, semelhantes à voz de alguém que na vida conhecera e que o sepulcro provavelmente tragara. O terror que lhe tolhia os membros redobrou com esta voz: por um ímpeto convulso de desesperação encaminhou-se, todavia, com passos incertos para a ponte fatal; mas, ao chegar a ela, recuou. Tinha abaixado de novo os olhos para a torrente, e de novo a torrente, como um sortilégio diabólico, a havia fascinado.

— Por tudo quanto haveis amado, cavaleiros da Cruz — exclamou ela desvairada —, em nome do céu, abandonai-me. O desalento e o susto me abrigarão no seio da morte da violência dos infiéis. Não posso!... Não posso vencer esse terrível abismo, que há-de tragar-me!

Os guerreiros de Pelágio, escolhendo aquela senda para a fuga, não haviam calculado com um coração feminino, mistura de esforço e timidez, de energia e de fraqueza, que será sempre para a filosofia um mistério.

— Os árabes!

Esta palavra, cem mil vezes repetida na Espanha, como o dobrar por finado em país assolado da peste, soou atrás dos cavaleiros apinhados junto aos vestígios da porta decumana. Saíra da boca de Astrimiro, que, sem deixar o valo, tinha a vista cravada nos visos dos montes fronteiros até cujas gargantas se dilatava a selva.

Os guerreiros abriram subitamente aos lados, e olharam para as cumeadas da cordilheira coroadas de muçulmanos: os ferros polidos dos franquisques, que tinham pendentes dos pulsos por uma cadeia de ferro, cintilaram levemente trémulos.

Só Hermengarda abaixou os olhos, e ajoelhou com as mãos erguidas no meio deles, murmurando:

— Não posso! Abandonai-me!

Então o cavaleiro negro, tomando-a pela mão, correu a vista pelas duas alas: no seu gesto havia a mesma expressão imperiosa e sinistra de que se revestira quando em Covadonga embargara a saída de Pelágio.

— Qual de vós ousa tomar nos braços a irmã do duque de Cantábria e conduzi-la por cima do abismo para a outra margem? Qual de vós ousa jurar sobre a cruz da sua espada que sem vacilar o fará?

Houve um momento de silêncio: todos os rostos empalideceram; todos os lábios calaram.

Um alarido de muitas vozes o interrompeu: eram os infiéis, que a meia encosta haviam enxergado os fugitivos e que se atiravam para o vale.

— Não há entre vós um que o ouse? — reperguntou o misterioso guerreiro, fitando o olhar sucessivamente em todos. — Vai seguro o que o tentar. A entrada deste recinto é estreita, e os pagãos antes de chegarem ao Sália passarão por cima do meu cadáver. Direis depois a Pelágio que somente o cavaleiro negro lhe pede, a ele e a sua irmã, algumas lágrimas em memória de um tiufado de Vitiza, que deixou de viver... Chamava-se Eurico... Ele nos tenros anos ainda o conheceu em Tárraco... Fruela, Gudesteu, e tu, Sanción, qual de vós será o mensageiro? qual de vós será o salvador de Hermengarda?

Todos calaram de novo; mas aqui não houve silêncio: ouvia-se já o ruído dos corredores sarracenos, bem de perto, no fundo do vale.

E, ao proferir o cavaleiro negro o nome de Eurico, a irmã de Pelágio soltou um gemido e deu em terra como se fora morta.

— Nenhum! — rugiu o guerreiro quase sufocado de furor e de angústia; e, alongando a vista pelo portal do recinto, viu alvejar os turbantes, e, depois, surgirem rostos tostados, e, depois, reluzirem armas. Os árabes começavam a galgar a ladeira. Astrimiro descera de um pulo do valo.

A contracção de agonia que neste momento passou nas faces do cavaleiro negro, estendendo para o céu os punhos cerrados, não haveria aí palavras humanas que a pintassem. Não disse mais nada. Tomou nos braços aquele corpo de mulher que lhe jazia aos pés e encaminhou-se para a estreita ponte do Sália. Era o seu andar hirto, vagaroso, solene, como o de fantasma: parecia que as suas passadas não tinham som; que lhe cessara o coração de bater, e os pulmões de respirar.

Viram-no atravessar, lento como sombra; como sombra, lento, hirto, solene, internar-se com Hermengarda na selva da outra margem.

Era um corpo ou um cadáver que conduzia? Estava morta ou estava salva?

Sancíon e os demais godos tinham ficado imóveis de espanto e de susto. Aquele homem, menos habituado a transitar por meio dos precipícios das montanhas, cometera um feito, para o qual lhes falecera o ânimo. Mal sabiam eles quanto os alcantis do Calpe eram mais ásperos, os seus despenhadeiros mais frequentes, os seus córregos mais fundos, e quantas vezes esse homem os havia galgado na escuridão de alta noite, por entre o redemoinhar e bramir do vento e das tempestades.

Foi por um momento rapidíssimo que durou a imobilidade dos godos, porque tanto bastou ao cavaleiro negro para transpor a breve largura do Sália e sumir-se na floresta que, descendo das montanhas fronteiras, vinha quase tocar na borda dos alcantis pendurados sobre as águas.

Os dez guerreiros, uns após outros, galgaram ligeiros por cima do roble nodoso, sem abaixarem os olhos para a espécie de sorvedouro negro, revolto, ruidoso, que, mugindo lá em baixo, parecia, com seu estrépito violento, tentar atraí-los e devorá-los.

Sanción foi o derradeiro a passar: a meio rio sentiu após si o tumulto dos árabes que se precipitavam dentro dos arruinados valos romanos. Não titubeou e seguiu avante. Chegando à margem oposta, volveu os olhos e viu que alguns dos inimigos punham pé em terra e, cegos na sua fúria, se arrojavam para a ponte fatal.

— Godos, aqui! — gritou ele: e o primeiro golpe do franquisque deu um som baço, entrando nas raízes ainda vivas da velha árvore.

E, manso e manso, os agarenos, lançando-se ao comprido sobre o cepo que estremecera ao golpe de Sanción e segurando-se às cavidades do velho tronco e às asperezas do seu grosseiro córtex, se aproximavam, semelhantes ao estélio que se arrasta, nas ruínas de Balbek, ao longo de coluna tombada.

Cristãos e infiéis fizeram silêncio: era uma destas situações em que a voz expira na garganta; porque o viver parece quase paralisar-se.

E os árabes avançavam sempre, e os golpes das pesadas secures godas batiam roucos e cada vez mais violentos e repetidos nas raízes que estalavam, lascando; e já os olhos esverdeados de cólera, faiscantes, desvairados dos infiéis, cujas barbas negras varriam o tronco, se encontravam com o olhar torvo de Sanción, curvo, vibrando golpes sobre golpes, e cercado de alguns companheiros que o imitavam — aqueles a quem o consentia a apertura do sítio, enquanto os outros, com os franquisques nas mãos, se preparavam para repelir os inimigos, que só um a um poderiam transpor a estreita passagem.

Subitamente estouram as últimas fibras do lenho; a árvore monstruosa despenha-se da sua base de pedra, escapa da riba fronteira, tomba pelas pontas dos rochedos limosos, fá-las voar em rachas e bate sobre o dorso da torrente, cujo ruído não pôde devorar inteiramente o alarido dos infiéis precipitados, que deixam os fragmentos das armas, dos vestidos e dos membros pendentes dos bicos das rochas. As águas, espadanando, trepam em lençóis de escuma pelas paredes anfractuosas do precipício e lambem o sangue que por instantes as tingiu. Depois, o grosso madeiro flutua, deriva pela corrente e lá vai, de envolta com ela, em demanda das solidões do mar.

Os árabes que enchem o recinto das ruínas recuam diante de tão horroroso espectáculo: os godos enviam-lhes uma risada feroz de insulto e desaparecem na espessura das brenhas que se dilatam até às raízes da montanha de Auseba, onde deve ser o termo da sua viagem.

XVII

A AURORA DA REDENÇÃO

Desprezamos essa multidão de pagãos, e nenhum temor há em nós.

SEBASTIÃO DE SALAMANCA: *Chronicon*

O espectáculo que oferecia a caverna de Covadonga na noite imediata àquela que se despediu com os sucessos das margens do Sália era mui semelhante ao dessoutra noite em que Pelágio recebera a nova do cativeiro de Hermengarda — espectáculo semelhante, mas personagens, em parte, diversas. Na vasta lareira, próxima da entrada da gruta e a que servia de chaminé uma larga fenda dos rochedos superiores, ardiam alguns cepos de carvalho, que, repassados do fogo durante longa noite de Novembro e abrasados até à medula, davam apenas uma chama ténue e azulada, cujo fraco esplendor se perdia na claridade brilhante de cinco ou seis fachos encostados pelas paredes irregulares da caverna. Do numeroso tropel de guerreiros que naquela memorável noite se tinham erguido à voz do moço duque de Cantábria, travando das armas, apenas se viam agora, estendidos nos grosseiros leitos formados das peles de animais bravios, dez cavaleiros, que no seu profundo sono, no transfigurado do gesto e no desalinho dos trajos faziam antes lembrar o jazer de cadáveres, que o repousar de vivos. Perto do lar aceso, assentado em escabelo tosco e com a cabeça encostada ao braço firmado numa anfractuosidade do rochedo, via-se, também adormecido, um guerreiro em cujo rosto

170

os sulcos das rugas e o cavado das faces davam, porventura, mostra de mais dilatada vida do que, na realidade, era a sua. O sono parecia nele unicamente o entorpecimento das forças físicas exaustas e não o repouso do espírito; porque, de quando em quando, os membros se lhe agitavam por estremeção violento, ou se lhe descerravam os olhos, e moviam os lábios, como se tentasse falar: mas sussurrava apenas alguns sons inarticulados, e caía de novo em torpor, que não tardava em ser outra vez interrompido. Num recesso da gruta, formado pelos ressaltos das rochas e que servia como de câmara ao jovem capitão dos foragidos, parecia também jazer um vulto sobre telas mais delicadas que os despojos de animais silvestres, as quais eram, talvez, ainda restos do anterior luxo dos paços de Tárraco; talvez, vestígios da passada grandeza dos duques de Cantábria e da antiga civilização gótica. Um pano de púrpura franjado de ouro pendia da abóbada natural, preso nas estalactites seculares que dela desciam, semelhantes aos penduróis do tecto de um templo normando-árabe. A luz dos fachos mal alumiava aquele recanto afastado; mas nessa meia claridade branquejavam roupas alvas de mulher, que também parecia agitada por sonhos dolorosos, se é que o seu gemer de espaço a espaço, o soluçar contínuo, o agitar-se de instante a instante não eram antes indícios dessa modorra febril, dessa hesitação entre o dormir e a vigília, semelhante ao arquejar do moribundo que já perdeu a consciência da vida que vai fugindo. No meio desta cena de duvidosa quietação uma personagem velava. Era o moço Pelágio, que, atravessando a caverna a passos lentos e cautelosos, de um para outro lado, ora aplicava o ouvido aos movimentos irrequietos e ao respirar agitado do vulto branco, ora parava à entrada da gruta, fitando os olhos na escuridão exterior e escutando com todos os sinais de impaciência de quem espera alguém que tarda. Depois, dirigia-se para o lado do vermelho brasido e, cruzando os braços, punha-se a contemplar o torvo aspecto do cavaleiro do escabelo, com um olhar de simpatia e compaixão, misturada do que quer que fosse de admiração e de terror involuntário.

Estes movimentos sucessivos do mancebo repetiram-se umas poucas de vezes; por fim, a figura membruda e selvática do lusitano Gutislo assomou no arco irregular que servia de pórtico àquela habitação roubada pela desventura às feras.

— Voltaram? — perguntou em voz baixa ao bárbaro do Hermínio o duque de Cantábria.

— Desmontam agora — respondeu Gutislo. — Velido, o centenário, disse-me viesse ver se repousavas.

— Repousar! — replicou Pelágio, sorrindo tristemente e olhando para o sítio onde o pano de púrpura ocultava o vulto branco. — Que venha; que venha já.

Gutislo desapareceu. Daí a alguns momentos, o centenário entrava.

Era um guerreiro, cujos cabelos brancos, cujos meneios pausados e cujo olhar penetrante davam testemunho de prudência e discrição. Parecia inquieto e assustado.

— Que novas nos trazes, Velido? Qual caminho seguem os árabes?

— O que prouvera a Deus eles nunca houvessem encontrado. Ao amanhecer os cavaleiros africanos beberão as águas do Deva; os sons das trombetas agarenas ouvir-se-ão retumbar pelas encostas de Concana e ecoarão nos alcantis do Auseba. Vagueámos dispersos a tarde inteira e a maior parte da noite. Pelas alturas do sul e do oriente reluziam ao longe as armas dos infiéis, e depois as suas almenaras. Os pastores astúrios, que já nos esperavam no vale de Onis, onde todos os esculcas se ajuntaram à hora da terça nocturna, nos relataram então o que, sumidos por entre as brenhas, tinham podido observar de perto...

— E quais foram as novas dos pegureiros? — interrompeu vivamente Pelágio. — São muitos ou poucos os inimigos? A que distância se acham?

— Pouco depois do amanhecer devem ter descido os últimos outeiros do Vínio, e quando o Sol brilhar em todo o seu esplendor poderão pisar o solo, até hoje livre, do vale de Covadonga. Os pastores viram os nossos cavaleiros transporem o Sália: viram despenhar-se o roble, e os infiéis recuarem espantados. Mas, esquadrões após esquadrões desciam das montanhas, e dentro em breve na margem do rio não se descortinavam por grande espaço senão tropéis de árabes. Ao pôr do Sol ainda as gargantas das serranias golfavam torrentes de infiéis, e as selvas retumbavam com os golpes de machado. Antes de anoitecer, uma ponte espaçosa estava lançada sobre o Sália num sítio menos profundo, e os inimigos começavam a atravessá-la. Entre os primeiros que passaram aquém, asseguram os zagais terem visto muitos cavaleiros que, pelos elmos e couraças, pelas cateias e franquisques, eram, sem dúvida, godos.

— São as tiufadias da Tingitânia: são os soldados réprobos do conde de Septum, que Deus conduz aos desertos das Astúrias para que os abutres e javalis tenham lauto banquete de cadáveres.

Pelágio e o centenário voltaram-se: a voz que proferira estas palavras soara atrás deles. Era o cavaleiro do escabelo, que despertara às primeiras palavras do capitão dos esculcas e que, firmados os cotovelos sobre os joelhos e com a cabeça entre os punhos, escutara todo o diálogo.

— Quê?! — exclamou o mancebo — ainda há pouco havíeis cerrado as pálpebras; e já despertastes, Eurico?

— Duque de Cantábria, desde muito que o sono é sempre breve para mim: há muito que nestas veias ele não derrama consolação nem frescor. Adormecido ou desperto, o meu espírito vê sempre ante si imutável a realidade, e a realidade é medonha. Oxalá pudesse esta alma dormir!

— Bem o sei — replicou o filho de Fávila. — A imagem da pátria, santa e melancólica, se misturava sanguinolenta nos vossos sonhos do dormitar. Algumas palavras soltas que proferíeis...

— Ah! — interrompeu o cavaleiro, pondo-se em pé rapidamente, com um gesto de espanto. — Eu falava?! Eram tão extravagantes os meus sonhos!... Que palavras me ouvistes! Delírios, loucuras!... Dizei; não é assim?

E olhava inquieto para o mancebo, como se receasse que um segredo importante lhe houvesse fugido dos lábios.

— As vossas palavras eram quase ininteligíveis — respondeu Pelágio. — «Perdida para sempre; para sempre!» Eis o que repetíeis muitas vezes; e depois: «Não resta uma esperança!... Oh, tão formosa e gentil!... Homem infame, que tinhas em mais o ouro que a virtude e a glória, maldito sejas tu!» E então os dentes vos rangiam, e, entreabrindo os olhos, o vosso aspecto era terrível! Pensáveis, por certo, na Espanha, na formosa terra dos Godos, e a indignação vos arrancava maldições contra Opas e contra os que venderam pelo ouro dos árabes as aras de Cristo e a liberdade de seus irmãos. Enganaram-vos, porém, os sonhos, cavaleiro! A espe-

173

rança resta ainda, e a Espanha não se perdeu para sempre! Vós mesmo agora o dissestes. Abundante cevo de cadáveres humanos vão ter os abutres e os javalis das montanhas.

— Tendes razão! — replicou o guerreiro, deixando-se cair de novo sobre o escabelo e voltando à postura anterior. — Os meus lábios mentiram ao coração, se disseram que para a Espanha não havia esperança. Mas a mentir não tornarão eles, porque estes olhos só hão-de cerrar-se, já agora, em sono bem profundo, no qual não haja sonhar! Depois dos combates é que se dorme bem placidamente! É então que eu dormirei.

Era sinistro e lúgubre e, todavia, tranquilo o modo com que ele o dizia. Pelágio, preocupado pelas novas que o centenário trouxera, não reparou no sorriso doloroso que enrugava as faces de Eurico e, voltando-se para Velido, prosseguiu:

— Oh! Abdulaziz busca a última guarida dos cristãos, os últimos aripenes de terra livre [29] da Espanha: persegue-nos como a bestas-feras?... Pois bem! Vai, e dize aos nossos cavaleiros que antes de romper a manhã estejam a cavalo com a lança em punho prontos a marcharem para a entrada do vale. Os fundeiros e mais bucelários de pé que se preparem para subir aos píncaros sobranceiros por ambos os lados do arraial. Dize-lhes, também, a uns e a outros, que sem demora eu serei com eles.

O centenário saiu.

Pelágio chegou-se então aos que dormiam e, despertando-os um a um, fê-los aproximar da boca da gruta:

— Vedes vós a estrela matutina que empalidece? — disse, apontando para um breve espaço do firmamento, onde, através do portal irregular, se via fulgir o planeta Vénus. — Não tarda muito que ela desapareça mergulhada na vermelhidão da aurora. Essa vermelhidão tingirá em breve o céu, como o sangue há-de hoje tingir a terra: mas confio em Deus que, também, como após ela há-de surgir o Sol envolto no seu fulgor glorioso, assim a Cruz e o nome dos Godos se alevantarão triunfantes, após o sangue vertido por esses dois objectos santos e queridos, que nos têm alimentado a energia da alma no meio dos trabalhos e perigos. Guerreiros! os árabes seguiram as vossas pisadas. Abdulaziz e Juliano, um insensato e um renegado, ousaram aproximar-se ao antro dos leões de Espanha, e os leões hão-de despedaçá-los. O céu condenou-os:

174

diz-me íntima voz que ele os condenou, inspirando-me um estratagema a que os infiéis não poderão resistir.

No gesto de Pelágio, ao proferir estas palavras, estava estampada a expressão da confiança, do esforço e do entusiasmo; daquele entusiasmo que ele sabia comunicar aos que o ouviam e que, na situação quase desesperada em que se achavam os foragidos das Astúrias, fizera com que lhe cedessem voluntariamente o mando supremo os mais velhos e experimentados guerreiros.

Pelágio expôs em breves palavras os seus desenhos para obter dos árabes um triunfo completo. O caminho que seguiam devia forçosamente trazê-los às gargantas das serras. Colocados na entrada do vale, uma parte dos cavaleiros oferecer-lhes-iam débil resistência, cedendo pouco a pouco e retirando-se para o topo daquela espécie de caldeira cortada nas montanhas: apenas aí chegados, abandonando os ginetes, precipitar-se-iam para a caverna, aonde já se teriam acolhido as mulheres, crianças e velhos dispersos pelas tendas do campo, e em cujo estreito e escarpado portal poucos pelejadores bastavam para resistir à multidão dos inimigos. Então o grosso dos cavaleiros, em cilada nas selvas que se dilatavam para as alturas, à esquerda das gargantas do vale, acometê-los-iam pelas costas, enquanto os bucelários, sumidos pelas penedias, lá no alto dos barrocais que formavam como um muro de ambos os lados do arraial, fariam chover sobre os infiéis as armas de arremesso, sem que a estes fosse possível repeli-los, ignorando os caminhos que conduziam àqueles lugares, na aparência só acessíveis às águias e aos abutres, que ali tinham, de feito, a sua guarida solitária.

— Mas a vós, cavaleiros — concluía Pelágio —, que provastes extremos de esforço na correria a que devo a salvação de minha pobre irmã, a vós pertence o acabar a vitória que o Senhor nos vai dar. Há mais de um ano que as nossas mãos se têm calejado a aluir os penhascos que coroam o tecto desta caverna; há mais de um ano que raro dia se passa sem que o suor das nossas frontes os humedeça, ao arrastarmo-los lentamente para a borda do despenhadeiro que se eleva a prumo sobre o ádito deste recinto. Aí, acompanhados dos meus robustos cântabros e dos bárbaros do Hermínio, será o vosso pelejar: aí, quando os inimigos, apinhados ante aquele portal, se arremessarem contra os guerreiros que o hão-de defender; quando as trombetas dos que os ferirem pelas costas soarem uma toada de morte, e os invisíveis bucelários fizerem chover sobre os infiéis os tiros de funda, as setas e os dardos, cumpre que esses rochedos que, lá no cimo, parecem embebidos na penedia, caiam rapidamente e esmaguem os esquadrões cerrados dos inimigos da Espanha. Pelo caminho talhado na rocha sobre as nascentes subterrâneas do Deva, ireis assentar-vos no cume do Auseba, e o anjo do extermínio pairará junto de vós: sereis a inteligência que guie o duro braço dos cântabros e dos lusitanos para lhes dirigir os golpes, para os reter quando, rareados, confundidos, esmagados os troços da serpente maldita que ousa colear junto de Covadonga, nós pudermos arremessar-nos ao meio deles e fazer cair sobre a cabeça dos pagãos os golpes dos nossos franquisques, não menos destruidores que os rochedos despenhados.

— Como assim?! — replicou Sanción, que por vezes estivera a ponto de interromper o mancebo. — Nós, próceres e gardingos; nós, que meneamos a acha de armas e a espada; nós, que trajamos o ferro, combateremos, como os servos e vis, de longe e sem risco? Nós, que por tantas milhas através das serras demos as costas aos infiéis, não poderemos, embebendo-lhes as espadas nos peitos, dizer-lhes enfim: «Eis-nos aqui»?... Pelágio, isso é impossível!

— Impossível! — repetiram todos os outros cavaleiros apinhados ao redor de Sanción.

— Impossível é — interrompeu o duque de Cantábria com gesto severo — que haja guerreiros cristãos que recusem obedecer-me, no momento em que se trata, não de ambições de glória, mas da redenção da Espanha. Cavaleiros, o esforço de vossos corações vos engana! Exaustos pela correria da próxima noite, os braços vos desmentiriam o ânimo, e eu não consentirei jamais um sacrifício inútil, quando de outro modo podeis contribuir para salvarmos as Astúrias. Gutislo! — clamou ele aproximando-se da boca da caverna — dize aos teus irmãos do Hermínio que venham aqui e ao quingentário da minha tiufadia que vos siga com os soldados cântabros. Sanción, Gudesteu, Astrimiro, Énecon, vós todos que me cercais, eis ali o vosso caminho! Parti.

E apontava para um lado da gruta, onde quem chegava ao perto via, lá em cima, o céu estrelado, por uma espécie de claraboia natural, e, quase debaixo dos pés, um como sorvedouro escuro, em cujas profundezas se percebia o ruído das nascentes do Deva. Na circunferência daquele abismo, desde o chão da caverna, os foragidos, aproveitando as escabrosidades das paredes circulares, tinham formado uma escada tosca, ora cavada na pedra, ora firmada sobre troncos de árvores fixos nas fendas e cavidades da rocha, e que, lançada em espiral, saía perto do cimo calvo do Auseba. Assim, quando o vale fosse ocupado dos sarracenos, os cristãos poderiam defender-se por largo tempo, obtendo por esse caminho oculto os socorros dos montanheses.

Entre os cavaleiros a quem Pelágio dirigira aquelas palavras houve alguns instantes de hesitação, e um murmúrio de descontentamento; mas, por fim, Sáncion, pegando em um dos fachos, encaminhou-se para a escada subterrânea, e os outros seguiram-no. Os quase selvagens filhos do Munda, vestidos de peles de alimárias, e os cântabros, cujas feições e trajos também revelavam a sua origem céltica, não tardaram a entrar na caverna. Pelágio então lhes ordenou obedecessem aos guerreiros que os haviam precedido, e em breve o som das passadas daquele tropel desordenado, alongando-se pelo abismo, morreu em silêncio total.

Eurico parecia indiferente ao que se passava ao pé dele, assentado no escabelo e com os olhos cravados no cepo candente que se consumia no afumado lar. Pelágio voltou-se para ele, e disse-lhe:

— Vós, Eurico, ficareis aqui: vós que salvastes minha irmã, sereis o seu guardador. Quem melhor vigiaria por Hermengarda do que esse homem que nela tem um testemunho perene do mais indizível esforço, da mais pura e generosa lealdade? Desejaria ver junto de mim no combate o melhor guerreiro de Espanha: ter-vo-lo-ia, até, pedido quando o mistério em que vos envolvíeis nos fazia suspeitar a todos que vós, o cavaleiro negro, éreis um ente privilegiado e não um mortal como nós. Agora, porém, depois que no transe horroroso das margens do Sália nos revelastes quem sois; quando, resolvido a morrer, pedíeis apenas algumas lágrimas para a vossa memória àqueles que vos sobreviviam, pedir-vos-ei eu, também, que não queirais encontrar o primeiro ímpeto dos sarracenos. Se na defensão desta nossa triste morada, aonde cumpre atraí-los, for necessário o auxílio do vencedor dos Vascónios, do mais ilustre dos tiufados de Vitiza, ou se a cólera de Deus ainda não está satisfeita, e devem hoje perecer os últimos homens livres

177

da Espanha, vireis vós morrer connosco. Entretanto, continuai a ser o anjo da guarda da pobre filha de Fávila. Ela parece mais tranquila, e o monge Baquiário, em cuja ciência têm achado alívio tantos de nossos irmãos, recomendou o repouso como o melhor remédio para a febre que a devora. Retardarei quanto puder o instante de se acolherem aqui as mulheres, as crianças e os velhos inúteis para o combate. Fazei, entretanto, que nestes lugares reine profundo silêncio.

Silêncio guardava o cavaleiro: no seu olhar incerto e cintilante descobria-se que lá, naquela alma, tumultuavam paixões violentas e opostas. Não respondeu; nem Pelágio lhe dera para isso tempo. Crendo ler no seu gesto perturbado a mesma repugnância que tinham mostrado os outros guerreiros em não assistir ao primeiro recontro dos infiéis, o duque de Cantábria atravessou apressado a boca da gruta e desceu a senda tortuosa que conduzia ao fundo do vale. Daí a pouco, sentiu-se o galopar de um cavalo à rédea solta, que se confundiu, por fim, no sussurro longínquo do arraial que se agitava, preparando-se para o temeroso dia que pouco tardaria a nascer.

Eurico estava, enfim, só.

XVIII

IMPOSSÍVEL!

Nada neste mundo me agita o seio, senão o teu amor.

Lenda de S. Pedro Confessor — 9

Apenas Pelágio transpôs o escuro portal da gruta, Eurico alevantou-se. Aspirava com ânsia, como se aquele ambiente tépido não bastasse a saciá-lo. O desgraçado resumia num pensamento devorador, numa síntese atroz, o seu longo e doloroso passado e o seu torvo e irremediável futuro. Como voltara àquele lugar? Como, sem lhe vergarem os joelhos, tinha ele descido das alturas do Vínio com Hermengarda nos braços? Que tempo durara essa carreira deliciosa e ao mesmo tempo infernal? Não o sabia. Imagens confusas de tudo isso era apenas o que lhe restava — do Sol, que pouco a pouco lhe viera alumiar os passos, dos ribeiros que vadeara, das penedias agras, dos recostos dos montes, das selvas que recuavam para trás deles, dos cabeços negros que, às vezes, lhe parecera debruçarem-se no cimo dos despenhadeiros, como para o verem correr. No meio destas recordações incertas e materiais, outras passavam íntimas, ardentes, voluptuosas, negras, desesperadas. Por horas, que haviam sido para ele uma eternidade de ventura, o respirar daquela que amava como insensato se misturara com o seu alento; por horas sentira o ardor das faces dela aquecer as suas, e o coração bater-lhe contra o seu coração. Depois, avultavam-lhe no espírito a imagem veneranda de Sise-

179

berto e o altar da Sé de Híspalis, junto do qual vestira a pura estringe de sacerdote, e Carteia, e o presbitério e as noites de agonia volvidas nos ermos do Calpe. E tudo isto se contradizia, se repelia, se condenava, o amor pelo sacerdócio, o sacerdócio pelo amor, o futuro pelo passado; e aquela alma, dilacerada no combate destes pensamentos, quase cedia ao peso de tanta amargura.

Eurico deu alguns passos e encostou-se à boca da gruta; porque os membros exaustos lhe fraqueavam, apesar de que nem um momento o abandonasse a força da sua alma enérgica. A brisa frigidíssima da madrugada consolava-o, como ao febricitante a aragem de um sol-posto do Outono. A seus pés estavam as trevas do vale, sobre a sua cabeça as solidões profundas e serenas do céu semeado dos pontos rutilantes das estrelas e mal desbotado ao ocidente pela última claridade da lua minguante que desaparecia. Era a imagem da sua vida. Serena e esperançosa, como o crepúsculo do luar fugitivo, lhe fora a juventude. Desde que um amor desditoso o fizera alevantar uma barreira entre si e o ruído do mundo; desde que se votara às solenes tristezas da soledade e a derramar benefícios e consolações sobre a cabeça dos miseráveis e humildes; pela alta noite do seu viver muitas vezes fulgurara uma luz de alegria, como esses astros que brilham a espaços nos abismos do firmamento. Lá, ao menos, havia instantes em que se esquecia do seu destino. Mas, depois que o frenesi das batalhas o arrastara; depois que trocara as harmonias das tempestades do Calpe e o rugido das vagas do Estreito pelo gemer de moribundos nos combates e pelo retinir dos golpes, nunca mais descera um raio de cima a alumiar-lhe o espírito. O seu presente e o seu porvir eram, como esse vale, um precipício sem fundo, indelineável, tenebroso, maldito.

E pelo céu tão plácido e melancólico; pelo céu, que ele às vezes se punha a contemplar às horas mortas no pobre presbitério de Carteia ou assentado em algum promontório, a sua imaginação voou até os desvios do Sul, e as lágrimas de saudade começaram a rolar-lhe mansamente pelas faces. O desventurado tinha saudades das tristezas do ermo, porque já não podia ter desejos dos contentamentos humanos.

Engolfado naquelas cogitações dolorosas, o guerreiro conservou-se por algum tempo imóvel e com os olhos cravados nos astros cintilantes, que pareciam sorrir-lhe e chamá-lo para o seio imenso do Senhor. As lágrimas correram-lhe então mais abundantes, e o coração parecia dilatar-se-lhe com o pensamento da morte. Insensivelmente ajoelhou e estendeu as mãos para o firmamento: os seus lábios murmuravam com cicio quase imperceptível. Era a oração de alma, férvida, procelosa, que os agitava; era essa oração que todos nós sabemos no momento de suprema agonia e que nenhumas palavras, nenhuma escritura poderiam representar: oração que é um mistério entre Deus e o homem e que nem os anjos compreendem: gemido enérgico de todas as misérias terrenas, cuja intensidade só a Providência, que as acumula ou dissipa, sabe pesar nas balanças da justiça e da piedade divinas.

A morte; esta ideia, tremenda, indiferente ou formosa, segundo a vida é risonha, pálida ou negra, veio suavizar o martírio daquela alma atribulada, como em estio ardente as grossas águas da trovoada refrigeram a terra, que estua sob os raios aprumados do Sol. Tinha-a buscado; buscado com a placidez horrível da desesperança; como um remédio de cuja eficácia a consciência da imortalidade o fazia duvidar. Seria não mais do que ir deitar-se em leito de dores eternas? Talvez: mas a mudança podia ser refrigério: tanto bastava. A morte parecia, contudo, fugir dele para que nem este último desejo se lhe cumprisse. Houve um instante em que lhe ocorreu o pensamento de subir ao pináculo escarpado do Auseba e despenhar-se no vale. Refugiu desta ideia, porque era covarde. Eurico, o sacerdote-soldado, não devia fenecer ímpia e vilmente; devia depor o peso intolerável da vida no campo das batalhas pelejadas em nome da Cruz e da Espanha. E no recontro daquele dia, uma voz íntima lhe murmurava que o havia de obter.

Este anelar pela morte era uma bem triste cobiça! E quando se lembrava de que essa mulher que aí jazia a poucos passos dele; essa mulher, em cuja adoração concentrara todos os afectos dos mais formosos dias da vida; cuja imagem sonhada nas solidões do Calpe, desenhada de contínuo diante dos olhos da sua alma, gravada como um selo de saudade e de amargura em todas as suas cogitações; essa mulher que, pouco havia, por horas de delicioso delírio, apertara contra o peito, e que pudera, outrora, torná-lo o mais feliz dos homens; quando se lembrava de que sobre isso tudo ele deixara cair a campa de bronze do sacerdócio, que ninguém podia erguer, o desgraçado sentia estalarem-lhe uma a uma todas as fibras do coração, e fugir-lhe do seio um grito semelhante ao que rebenta dos lábios do condenado ao suplício do potro, no primeiro movimento da mão pesada do algoz.

E, como se quisesse ainda mais saciar-se de dor, encaminhou--se para o lado onde Hermengarda repousava. Ao clarão da tocha que espargia uma luz mortiça, o guerreiro contemplou-a naquele inquieto dormir. Era bela; mais bela que nos tempos da primeira mocidade! O seu gesto angélico, desbotado pela palidez, emagrecido pelos pesares e terrores, ganhara em expressão, em reflexo dos íntimos pensamentos o que perdera em viço e em toques de inocência. Bonina desabrochada nos campos da vida, brilhara com todas as pompas do seu vicejar à luz da manhã; o ardor intenso do meio-dia a fizera pender; a viração da tarde lhe traria, talvez, ainda frescor e viveza; mas a sua fragrância perdia-se nas auras que passavam; nas suas cores harmoniosas revia-se, apenas, o céu! Aquela alma fugia solitária pela terra num viver incompleto e volveria aos abismos da criação sem conhecer o mais profundo e enérgico dos afectos humanos, o amor, que une dois espíritos como dois fragmentos de um todo, os quais a Providência separou ao lançá-los na terra, e que devem buscar-se, unir-se, completar--se, até irem, depois da morte, formar, talvez, uma só existência de anjo no seio de Deus.

Mas quando Eurico se lembrou de que, porventura, isto era sonho; de que podia ser que essa alma não passasse na vida tão vazia e solitária como ele julgava, e que esse coração, que poucas horas antes pulsara tão perto do seu, batia, acaso, por outrem, sentiu o suor frio manar-lhe da fronte. A tocha baça e fúnebre que mal alumiava a irmã de Pelágio pareceu-lhe retinta em sangue: e, como o cedro arrancado por tufão repentino, foi encostar-se à rocha lateral, cuja superfície irregular lhe escondia Hermengarda. O vê-la despertara todo o delírio do seu primeiro amor, e aquela ideia intolerável, que tantas vezes o atormentara nas solidões do Calpe, espremia-lhe agora o coração com redobrado furor.

E assim ficou por alguns momentos mudo, anelante, aniquilado. Quem era, onde estava, porque viera ali, não o saberia dizer. Os pensamentos revolviam-se-lhe na mente, como as ondas num sorvedouro marítimo, tempestuosos, rápidos e indistintos.

De repente, um ai comprimido veio acordá-lo daquela espécie de torpor doloroso. Estremeceu. Era a voz de Hermengarda. Aproximou-se manso e manso, de modo que ela o não visse. Assentada sobre o leito, demudado o gesto, e com o susto pintado no olhar, a irmã de Pelágio estendia os braços, voltando o rosto para o lado, como quem tentava afastar visão medonha. Pelas suas palavras incoerentes e truncadas, o guerreiro conheceu que um sonho mau a agitava, até que, inteiramente desperta, essas palavras confusas se começaram a coordenar em períodos inteligíveis. O pulsar do coração de Eurico redobrava de violência, ao passo que o seu respirar se ia tornando cada vez mais imperceptível.

— Sempre ele! sempre esta visão de remorso! — murmurou Hermengarda. — Meu pai, meu pai! Perdoe-te o céu o orgulho com que repeliste o gardingo... Perdoe-te o céu o haveres-me obrigado a sacrificar aos pés desse orgulho o sentimento de amor que se alevantara neste coração. Nós ambos assassinámos o desgraçado; mas a punição caiu inteira sobre mim! Embora. Eu não te amaldiçoarei, oh meu pai! A tua filha nunca te acusará ante o Supremo Juiz.

Depois, ficou por alguns instantes calada, com os olhos fitos no rochedo fronteiro, em cuja face escabrosa as sombras pareciam dançar e agitar-se à luz da tocha que ardia a curta distância, e que a aragem movia. Crera perceber perto de si um gemido abafado, cortando fugitivo o grande silêncio nocturno.

— Vai-te, vai-te! — prosseguiu ela. — Que posso eu fazer-te, infeliz?... Bem longo e atroz tem sido o meu martírio, porque ainda não achei no mundo alma com quem me fosse dado repartir o cálix do infortúnio; a quem houvesse de contar os tormentos que há tanto tempo me varreram dos lábios o sorrir. Se vivesses, seria tua; tua esposa, tua escrava!... mas a bênção nupcial não pode descer entre o túmulo e a vida. Fávila!... meu pai!... diante do trono do Senhor, onde são iguais o duque e o gardingo, jura-lhe que tua filha repeliu o seu amor por obedecer-te: dize-lhe que o pranto correu destes olhos ao ouvir a nova da sua morte Oh, dize-lhe, dize-lhe que não fui eu que o assassinei!

E aqui, deixando pender a cabeça sobre o peito, pareceu voltar ao sentimento da realidade; mas aquela espécie de terror febril que lhe haviam gerado no espírito os transes, qual mais doloroso, por que sucessivamente passara, tornou a apossar-se dela, Favoreciam-no o lugar, a hora, o silêncio. Hermengarda alevantou de novo os olhos desvairados e, firmando-se no rochedo, tentava erguer-se.

— Era Eurico! — murmurou ela. — Depois de dez anos, bem conheci a sua voz! Mais triste, só: triste, como tantas vezes a tenho ouvido nos meus sonhos de remorsos! Bem conheci o seu gesto! Mais pálido e carregado, só: pálido e carregado, como tantas vezes tem surgido do sepulcro para vir mudamente acusar-me, silencioso e quedo ante mim, por longas e não dormidas noites. Era ele!... um espectro cujo coração eu sentia bater, cujos braços me apertaram por cima do abismo revolto, através da floresta, pelos recostos das serranias. Dos seus olhos caiu sobre o meu seio uma lágrima! As lágrimas dos mortos queimam... devoram a vida; porque bem sinto a morte chamar-me...

Tinha-se posto de joelhos e, com as mãos estendidas, parecia implorar piedade.

— Morrer! tão cedo! Quando apenas torno a ver meu irmão?!... Pelágio! Pelágio! porque me deixaste? Vem despedir-te da tua pobre Hermengarda. Eurico a espera para o noivado do sepulcro, e eu não posso tardar.

E desvairada, pôs-se em pé, chamando por Pelágio com voz sufocada. Apenas, porém, dera os primeiros passos, soltou um gemido agudo e ficou imóvel. Diante dela, realidade ou fantasma, estava a origem dos seus terrores secretos. Era o gardingo que a amara, que ela cria morto, e cuja imagem vingadora vinha mais uma vez atormentá-la. O vulto cravara nela um olhar ardente, que a fascinava. Sorriso doloroso lhe pousava nos lábios. Estendeu o braço, segurando a mão de Hermengarda, que pretendeu recuar e não pôde. Como petrificada, parecia que os pés se lhe haviam enraizado no chão da caverna. Aquela mão, que segurava a sua escaldando de febre, era gelada como a de um morto. A vida do gardingo tinha-se concentrado toda no coração, que lhe despedaçavam duas ideias, horríveis porque associadas: o amor correspondido e tornado ao mesmo tempo maldito, monstruoso, impossível por uma palavra fatal, que lá estava escrita em caracteres de fogo, e que ele via, escutava, sentia — o sacerdócio!

— Oh, Deus to pague! — disse Eurico em voz baixa e lenta —

que lançaste na tão longa noite da minha alma um raio fugitivo de luz, luz santa e pura de contentamento e felicidade!... Há dez anos que não me alumia, e ela é tão bela, ainda quando passa como o relâmpago! — E, depois de estar calado alguns instantes, com o gesto de íntimo e angustiado cogitar, prosseguiu: — Não, Hermengarda, não! Os vermes ainda não receberam a parte da sua herança que eu lhes retenho. Morri; porém não para isso que, na linguagem mentirosa do mundo, se chama a vida. Durante anos dei-a a devorar à desesperação, e a desesperação não pôde consumi-la. Pendurei-a alta noite, pela espessura das trevas, nas rochas escarpadas do mar do ocidente, à beira dos precipícios, e o mar e os precipícios não quiseram tragá-la. Atirei-a à torrente impetuosa das batalhas, e o ferro embotou-se nela. O céu guardava-me para te ouvir palavras de amor e arrependimento; essas palavras de inefável doçura que nunca esperei escutar. É que na minha fronte está gravada a maldição de cima: é que ainda me faltava o derradeiro martírio... Ao menos posso acabar o teu: o pensá-lo é um refrigério. Hermengarda, eu vivo ainda! Vivi para te salvar da desonra, e todo o meu passado esqueci-o. Só uma cousa não, porque me subverteu para sempre o futuro; porque, depois de passageira alegria, me recalcou mais violentamente esperanças que ousaram um momento agitar-se no fundo desta alma, tranquila na desesperança. Agora, se há repouso debaixo da campa, posso ir buscar lá meu repouso. Mas dize-me; oh, dize-me ainda outra vez, que amas Eurico! Repete diante do que respira aquilo que proferiste diante da sombra criada pelo teu terror. Essas palavras, e o morrer!... O teu amor e a morte; eis para mim a única ventura possível, mas que não tem igual na terra.

E Hermengarda sentia ao contacto daquela mão fria e trémula apertando a sua, no acento dessas frases, tempestuosas como o oceano, tristes como céu procelloso, que lá, no peito do vulto que tinha ante si, havia um coração de homem vivo, onde chaga antiga e cancerosa vertia ainda sangue. A espécie de pesadelo em que se debatia desaparecera com a realidade. O repentino impulso da sua alma foi lançar-se nos braços de Eurico. Fora ele o objecto do seu quase infantil e único amor, amor condenado ao silêncio antes do primeiro suspiro, antes do primeiro volver de olhos; era ele o cavaleiro negro, cujo nome se tornara conhecido e glorioso por todos os ângulos da Espanha; era ele, finalmente, o homem que duas vezes acabava de salvá-la. Reteve-a, todavia, o pudor e, talvez, aquela misteriosa tristeza que escurecia as ideias desordenadas vindas de tropel aos lábios do guerreiro. Procurando asserenar a violência dos afectos que a agitavam, Hermengarda respondeu com uma voz fraca e trémula:

— Bendita a mão do Senhor, que te salvou, Eurico, leal e nobre entre os mais nobres e leais filhos dos Godos! Graças à piedade do céu, que por meio de tantas desventuras e perigos nos uniu nos paços que restam ao filho do duque de Cantábria! No devanear do terror revelei-te, sem querer, o segredo do meu coração: a sua história, ouviste-a. Perdoa à memória de meu pai, e, se de mim depende a tua felicidade, as palavras que me saíram involuntariamente da boca te asseguram que serás feliz. O orgulho que a ambos nos fez desgraçados não o herdou Pelágio. Que o herdasse, mal caberia nestas brenhas, na caverna dos fugitivos. E depois, que nome há hoje na Espanha mais ilustre que o do cavaleiro negro, o nome de Eurico? Morreres?!... Oh, não! Salvaste Hermengarda do opróbrio: se nunca te houvera amado, ela te diria como te diz hoje: sou tua, Eurico!

A filha de Fávila, cujo profundo e enérgico sentir mal poderia compreender quem só a houvera visto no momento em que tímida recuava diante do perigo mais aparente que real das margens do Sália, proferiu estas palavras com um tom de entusiasmo, com uma expressão afectuosa tão íntima, que o guerreiro caiu a seus pés. A ventura embargava-lhe a voz. O que lhe tumultuava no coração não tem nome na linguagem dos homens: era mais que a loucura. Com um movimento delirante, apertou contra os lábios a mão da donzela. Queimavam! Depois de largo silêncio, ele murmurou enfim:

— Minha!... Quem há na terra que possa roubar-ma?... Anos de tormentos, fostes como um dia de bonança e deleite! Imagem que absorveste esta existência inteira; anjo que me fazes surgir do meu inferno para o teu céu, tu foste que me salvaste a mim! Oh, como é bom ser feliz!... Tinha-me já esquecido!... Como o Sol deve agora ser belo, serena a aragem da tarde, meigo o murmurar do ribeiro, viçosa a verdura do prado!... Tinha-me também esquecido! Tens razão, Hermengarda. Quero viver: o viver é delicioso;

delicioso, porque será contigo... ao pé de ti... a adorar-te sempre, sem me lembrar do que existe, além de ti, no universo. Vem, minha amante, minha esposa!, vem jurar que me pertences, perante o altar e aos pés do sacerdote...

A esta palavra fatal, um grito semelhante ao de homem ferido de morte rompeu agudo e rápido do seio do cavaleiro. A mão de Eurico abandonou a mão de Hermengarda, e os seus olhos brilharam com fulgor infernal. Recuou, afastando de si a irmã de Pelágio, sobressaltada por aquele gesto subitamente demudado, por aquele olhar ardente e vago. Ela não podia compreender a causa de semelhante mudança... Com o braço esquerdo estendido, o guerreiro parecia querer arredá-la de si, enquanto com a mão confrangida apertava a fronte, como se buscasse esmagar um pensamento atroz que lhe surgia lá dentro.

— Afasta-te, mulher, que o teu amor me perdeu! — murmurou enfim. — Há entre nós um abismo: tu o abriste; eu precipitei-me nele. Um crime, só um crime, pode unir-nos... — Fez uma pausa e prosseguiu: — E porque não se cometerá ele? Talvez obtivéssemos perdão!... Perdão! Oh meu Deus, não o terias para o sacrílego... não! Afasta-te, Hermengarda. Diante de ti tens um desgraçado, um desgraçado que fizeste!

A donzela uniu as mãos lavada em lágrimas, e exclamou:

— Eurico! Eurico! enlouqueceste?... Por piedade, explica-me este horroroso mistério! Porque me repeles? que te fiz eu... eu que te amo, que sou tua, tua para sempre?!

Mas os olhos cintilantes do cavaleiro tinham amortecido: derribado na luta que travara com o destino, o seu combater de tantos anos terminava, finalmente. Um sorriso insensato substituiu-lhe no rosto as contracções habituais de melancolia. Afigurava-se-lhe que em roda dele balouçava a caverna, e a luz fumosa da tocha que ardia segura no braço de ferro cravado na pedra parecia-lhe faiscar em fitas cor de sangue. Esvaído, vacilante, assentou-se num fragmento da rocha e, estendendo a mão para Hermengarda, pegou de novo na dela e, com um sorriso indizível, continuou em voz submissa:

— Dez anos!... Sabes tu, Hermengarda, o que é passar dez anos amarrado ao próprio cadáver? Sabes tu o que são mil e mil noites consumidas a espreitar em horizonte ilimitado a estrela polar da esperança e, quando, no fim, os olhos cansados e gastos se vão cerrar na morte, ver essa estrela reluzir um instante e, depois, desfechar do céu nas profundezas do nada? Sabes o que é caminhar sobre silvados pelo caminho da vida e achar ao cabo, em vez do marco miliário onde o peregrino dê tréguas aos pés rasgados e sanguentos, a borda de um despenhadeiro, no qual é força precipitar-se? Sabes o que isto é? É a minha triste história! Estrela momentânea que me iluminaste, caíste no abismo! Arbusto que me retiveste um instante, a minha mão desfalecida abandonou-te, e eu despenhei-me! Oh, quanto o meu fado foi negro!

Hermengarda contemplava-o com assombro e terror... Como o entenderia ela? Eurico prosseguiu:

— Olha tu! Ao pôr do Sol, no Estio, ia eu assentar-me sobre um cerro marítimo, alongando a vista pelo oceano tranquilo, e parecia-me divisar-te desenhada na atmosfera, a sorrir-me. Então, as lágrimas de felicidade começavam a brotar-me dos olhos: depois, lembrava-me de quem eu era, e essas lágrimas condensavam-se a meio das faces e queimavam como se fossem metal candente. A horas mortas, correndo pelos desvios, quando o vento açoutava os arbustos enfezados da montanha, cada sombra que se meneava ao luar, sobre o chão pardacento, era a tua sombra que eu via. Outras noites, em que mais tranquilo podia, a sós comigo, engolfar-me nos pensamentos de Deus, a tua imagem vinha interpor-se entre mim e a lâmpada mortiça que me alumiava, e o hino do presbítero de Carteia, que devia, talvez, escrever-se nos hinários das catedrais da Espanha, ficava incompleto ou terminava por uma blasfémia; porque também te via sorrir, mas a outrem, mas a homem feliz com o teu amor, e eu tinha então sede... sede de sangue... Era uma lenta agonia! E sempre tu ante mim: nas solidões das brenhas, na imensidade das águas, no silêncio do presbitério, nos raios esplêndidos do Sol, no reflexo pálido da Lua e, até, na hóstia do sacrifício... sempre tu!... e sempre para mim impossível!

— Mas deliras!... — interrompeu Hermengarda. — Que tens tu com o presbítero de Carteia; com esse ilustre sacerdote, cujos hinos sacros reboavam ainda há pouco pelos templos da Espanha, e a quem, decerto, o ferro ímpio dos árabes não respeitou?! A tua glória é outra e mais bela; a glória de seres o vencedor dos vencedores da Cruz. A sua era santa e pacífica. Deus chamou-o para si, e tu vives para ser meu. Ninguém existe hoje no mundo que possa embaraçá-lo. Esquece o passado; esquece-o por amor de mim!

O cavaleiro sorriu de novo dolorosamente, e disse-lhe:

— Que tenho eu com o presbítero de Carteia?!... Hermengarda, lembras-te do seu nome?

Os lábios da donzela fizeram-se brancos ao ouvir esta pergunta: um pensamento monstruoso e incrível lhe passara pelo espírito. Com voz afogada e quase imperceptível replicou:

— Era... era o teu, Eurico!... Mas que pode haver comum entre o guerreiro e o sacerdote? Que importa um nome... uma palavra?... que...

O cavaleiro pôs-se em pé e, deixando descair os braços e pender o rosto sobre o peito, murmurou:

— Há comum, que o guerreiro e o presbítero são um desgraçado só!... Importa, que esse desgraçado é neste momento um sacerdote sacrílego. O pastor de Carteia...

— Oh, não acabes! — interrompeu Hermengarda, com indízível aflição.

— Era Eurico o gardingo!

Proferindo estas palavras, que explicavam o mistério da sua existência, o cavaleiro negro viu cair como fulminada a filha de Fávila. E ele não se moveu. A sua imaginação tresvariada afigurou perto de si o vulto suave e triste do venerável Siseberto, que estendia a mão mirrada entre ambos, como para os dividir em nome da religião, que os devia salvar, e do sepulcro, a quem pertenciam.

Neste momento uma grande multidão de crianças, de velhos, de mulheres penetraram na caverna com gritos e choros de terror. No coração das Astúrias, entre alcantis intratáveis, no fundo de um vasto deserto, repetia-se o grito que mil vezes tinha soado na devastada Espanha: «Os árabes!»

Amanhecera.

Aquele sobressalto, tão impensado, revocou o cavaleiro ao sentimento da sua situação. Ajoelhou junto de Hermengarda e, pegando-lhe na mão já fria, beijou-lha. Nas raias da vida, aquele beijo, primeiro e último, era purificado pelo hálito da morte que se aproximava: era inocente e santo, como o de dois querubins ao dizer-lhes o Criador: «Existi!»

Depois ergueu-se, vestiu a sua negra armadura, cingiu a espada, lançou mão do franquisque e, rompendo por entre o tropel, que fizera silêncio ao vê-lo, desapareceu através da porta da gruta, cujas rochas tingia cor de sangue a dourada vermelhidão da aurora.

XIX

CONCLUSÃO

Da morte às trevas,
Imortal, te diriges!

MEROBAUDE: *Poema de Cristo*

Aventura das armas muçulmanas tinha chegado ao apogeu, e a sua declinação começava, finalmente. E na verdade, a ira celeste contra os Godos parecia dever estar satisfeita. O solo da Espanha era como uma ara imensa, onde as chamas das cidades incendiadas serviam de fogo sagrado para consumir aos milhares as vítimas humanas. O silêncio do desalento reinava por toda a parte, e os cristãos viam com aparente indiferença os seus vencedores poluírem as últimas cousas que, até sem esperança, ainda defende uma nação conquistada — as mulheres e os templos. Teodemiro pagava bem caro o procedimento que o desejo de salvar os seus súbditos o movera a seguir. O pacto feito por ele com os árabes não tardou a ser por mil modos violado, e o ilustre guerreiro teve de se arrepender, mas já debalde, por haver deposto a espada aos pés dos infiéis, em vez de pelejar até à morte pela liberdade. Fora isto o que Pelágio preferira, e a vitória coroou o seu confiar no esforço dos verdadeiros godos e na piedade de Deus.

Os que têm lido a história daquela época sabem que a batalha de Cangas de Onis foi o primeiro elo dessa cadeia de combates que, prolongando-se através de quase oito séculos, fez recuar o Corão para as praias de África e restituiu ao Evangelho esta boa

191

terra de Espanha, terra, mais que nenhuma, de mártires. Na batalha de junto de Auseba foram vingados os valentes que pereceram nas margens do Chrysus; porque mais de vinte mil sarracenos viram pela última vez a luz do Sol naquelas tristes solidões. Mas, nesse dia de punição, esta devia abranger assim os infiéis, como os que lhes haviam vendido a pátria e que ainda vinham disputar a seus irmãos a dura liberdade de que gozavam nas brenhas intratáveis das Astúrias.

O ardil de Pelágio para resistir com vantagem aos muçulmanos, cem vezes mais numerosos que os cristãos, surtira o desejado efeito. Ainda que muito a custo, os cavaleiros enviados em cilada para a floresta à esquerda das gargantas de Covadonga puderam chegar aí sem serem sentidos dos árabes, que se haviam aproximado mais cedo do que o fizera crer a narração do velho Velido. Os infiéis pararam nas bordas do Deva, no sítio em que rompia do vale, e os seus almogaures tinham ousado penetrar avante. Os cavaleiros da cilada, que a pouca distância passavam manso e manso, ouviram distintamente o tropear dos ginetes inimigos.

Mas, quando, ao primeiro alvor da manhã, Pelágio se encaminhava com o seu pequeno esquadrão para a garganta das serras, já os árabes rompiam por ela e começavam a espraiar-se, como ribeira que, saindo de leito apertado, se dilata pela campina. Os cristãos recuaram, e os infiéis, atribuindo ao temor esta fuga simulada, precipitaram-se após eles. Pouco a pouco, o duque de Cantábria atraiu-os para a entrada da gruta de Covadonga. Chegado ali, pondo à boca a sua buzina, tirou um som prolongado. Imediatamente os cimos dos rochedos, que pareciam inacessíveis, cobriram-se de fundibulários e frecheiros, e uma nuvem de tiros choveu de toda a parte sobre os africanos e sobre os renegados godos. Vacilaram; mas o desejo da vingança levou-os a apinharem-se, esquadrões após esquadrões, à entrada da caverna, onde, finalmente, encontravam desesperada resistência. Então, como se despegassem do céu, grandes rochedos começaram a rolar sobre eles dos cimos do precipício que lhes ficava sobranceiro. Mãos invisíveis os impeliam. Cada rocha traçava no meio daquele vulto informe que oscilava, naquela vasta planície de alvos turbantes e de capacetes reluzentes, uma escura mancha, semelhante a chaga horrível. Eram dez ou vinte guerreiros, cujos membros esmagados, cujos ossos triturados, cujo sangue confundido espirravam por cima das frontes dos seus companheiros. Era medonho!, porque a esse espectáculo se ajuntava o grito de raiva e desesperação dos pelejadores, grito feroz e agudo, só comparável ao bramido de cem leoas a quem os caçadores do Atlas houvessem, na ausência delas, roubado os seus cachorrinhos.

Pela volta da tarde, apenas do numeroso e brilhante exército dos árabes alguns milhares de cavaleiros fugiam desalentados diante dos foragidos das Astúrias, que os perseguiam incansáveis além de Cangas de Onis.

Fora no momento em que Pelágio penetrava, na sua fingida fuga, sob o vasto portal da gruta que o cavaleiro negro saía. O jovem guerreiro viu o e estremeceu. Eurico tinha as faces encovadas, o rosto pálido e transtornado, e havia em todo o seu gesto uma tão singular expressão de tranquilidade que fazia terror. Enquanto os cristãos defendiam a entrada ele esteve quedo, como indiferente ao combate; mas, logo que os árabes, acometidos já pelas costas, principiaram a recuar, e que Pelágio pôde combater na planície, o cavaleiro, abrindo caminho com o franquisque, desapareceu no meio dos inimigos. Desde esse momento, debalde o duque de Cantábria o buscou: nem ele, nem ninguém mais o viu.

Era quase ao pôr do Sol. Seguindo a corrente do Deva, a pouco mais de duas milhas das encostas do Auseba, dilatava-se nessa época denso bosque de carvalhos, no meio do qual se abria vasta clareira, onde sobre dois rochedos aprumados assentava um terceiro. Era, provavelmente, uma ara céltica. Em frente de tosca ponte de pedras brutas lançada sobre o rio, uma senda estreita e tortuosa atravessava a selva e, passando pela clareira, continuava por meio dos outeiros vizinhos, dirigindo-se, nas suas mil voltas, para as bandas da Galécia. Quatro cavaleiros, a pé e em fio, caminhavam por aquele apertado carreiro. Pelos trajos e armas, conhecia-se que eram três cristãos e um sarraceno. Chegados à clareira, este parou de repente e, voltando-se com aspecto carregado para um dos três, disse-lhe:

— Nazareno, ofereceste-nos a salvação, se te seguíssemos: fiámo-nos em ti, porque não precisavas de trair-nos. Estávamos nas mãos dos soldados de Pelágio, e foi a um aceno teu que eles cessaram de perseguir-nos. Porém o silêncio tenaz que tens guardado gera em mim graves suspeitas. Quem és tu? Cumpre que sejas sincero, como nós. Sabe que tens diante de ti Mugueiz, o amir da cavalaria árabe, Juliano, o conde de Septum, e Opas, o bispo de Híspalis.

— Sabia-o — respondeu o cavaleiro —, por isso vos trouxe aqui. Queres saber quem sou? Um soldado e um sacerdote de Cristo!

— Aqui!?... — atalhou o amir, levando a mão ao punho da espada e lançando os olhos em roda. Para que fim?

— A ti, que não eras nosso irmão pelo berço; que tens combatido lealmente connosco, inimigos da tua fé; a ti, que nos oprimes, porque nos venceste com esforço e à luz do dia, foi para te ensinar um caminho que te conduza em salvo às tendas dos teus soldados. É por ali!... A estes, que venderam a terra da pátria, que cuspiram no altar do seu Deus, sem ousarem francamente renegá-lo, que ganharam nas trevas a vitória maldita da sua perfídia, é para lhes ensinar o caminho do inferno... Ide, miseráveis, segui-o!

E quase a um tempo dois pesados golpes de franquisque assinalaram profundamente os elmos de Opas e Juliano. No mesmo momento mais três ferros reluziam.

Um contra três! Era um combate calado e temeroso. O cavaleiro da Cruz parecia desprezar Mugueiz: os seus golpes retiniam só nas armaduras dos dois godos. Primeiro o velho Opas, depois Juliano caíram[30].

Então recuando, o guerreiro cristão exclamou:

— Meu Deus! Meu Deus! Possa o sangue do mártir remir o crime do presbítero!

E, largando o franquisque, levou as mãos ao capacete de bronze e arrojou-o para longe de si.

Mugueiz, cego de cólera, vibrara a espada: o crânio do seu adversário rangeu, e um jorro de sangue salpicou as faces do sarraceno.

Como tomba o abeto solitário da encosta ao passar do furacão, assim o guerreiro misterioso do Chrysus caía para não mais se erguer!...

Nessa noite, quando Pelágio voltou à caverna, Hermengarda, deitada sobre o seu leito, parecia dormir. Cansado do combate e vendo-a tranquila, o mancebo adormeceu, também, perto dela, sobre o duro pavimento da gruta. Ao romper da manhã, acordou ao som de cântico suavíssimo. Era sua irmã que cantava um dos hinos sagrados que muitas vezes ele ouvira entoar na Catedral de Tárraco. Dizia-se que o seu autor fora um presbítero da diocese de Híspalis, chamado Eurico.

Quando Hermengarda acabou de cantar ficou um momento pensando. Depois, repentinamente, soltou uma destas risadas que fazem erriçar os cabelos, tão tristes, soturnas e dolorosas são elas: tão completamente exprimem irremediável alienação de espírito.

A desgraçada tinha, de feito, enlouquecido.

[1] Sou eu o primeiro que não sei classificar este livro; nem isso me aflige demasiado. Sem ambicionar para ele a qualificação de poema em prosa — que não o é por certo — também vejo, como todos hão-de ver, que não é um romance histórico, ao menos conforme o criou o modelo e a desesperação de todos os romancistas, o imortal Scott. Pretendendo fixar a acção que imaginei numa época de transição — a da morte do Império Gótico, e do nascimento das sociedades modernas da Península, tive de lutar com a dificuldade de descrever sucessos e de retratar homens que, se, por um lado, pertenciam a eras que nas recordações da Espanha tenho por análogas aos tempos heróicos da Grécia, precediam imediatamente, por outro, a época a que, em rigor, podemos chamar histórica, ao menos em relação ao romance. Desde a primeira até à última página do meu pobre livro caminhei sempre por estrada duvidosa traçada em terreno movediço; se o fiz com passos firmes ou vacilantes, outros, que não eu, o dirão.

Conhecemos, talvez, a sociedade visigótica melhor que a de Oviedo e Leão, que a do nosso Portugal no primeiro período da sua existência como indivíduo político. Sabemos melhor quais foram as instituições dos Godos, as suas leis, os seus usos, a sua civilização intelectual e material, do que sabemos o que era isso tudo em séculos mais próximos de nós. O esplendor dos paços, as fórmulas dos tribunais, os ritos dos templos, a administração, a milícia, a propriedade, as relações civis são menos nebulosas e incertas para nós nas eras góticas que durante o longo período da restauração cristã. E, contudo, o reproduzir a vida dessa sociedade, que nos legou tantos monumentos, com as formas do verdadeiro romance histórico temo-lo por impossível, ao passo que o representar a existência dos homens do undécimo ou dos seguintes séculos será para o que os tiver estudado, não digo fácil, mas, sem dúvida, possível.

---

* Da autoria do próprio A. Herculano.

Qual é a causa disto?

É que nós conhecemos a vida pública dos Visigodos e não a sua vida íntima, enquanto os séculos da Espanha restaurada revelam-nos a segunda com mais individuação e verdade que a primeira. Dos Godos restam-nos códigos, história, literatura, monumentos escritos de todo o género, mas os códigos e a literatura são reflexos, mais ou menos pálidos, das leis e erudição do Império Romano, e a história desconhece o povo. O goticismo espanhol, ao primeiro aspecto, parece mover-se. Palpamo-lo: é uma estátua de mármore, fria, imóvel, hirta. As portas das habitações dos cidadãos cerram-nas os sete selos do Apocalipse: são a campa da família. A família goda é para nós como se nunca existira.

Não cabe numa nota o fazer sentir esse não sei quê de majestade *escultural* que conserva sempre a raça visigótica, por mais que tentemos galvanizá-la, nem o contrapor-lhe as gerações, nascidas durante a reacção contra o islamismo, que surgem e agitam-se e vivem quando lhes aplicamos a corrente eléctrica e misteriosa que, partindo da imaginação, vai despertar os tempos que foram do seu calado sepulcro.

Desta diferença, que é mais fácil sentir que definir, nasce a necessidade de estabelecer uma distinção nas formas literárias aplicadas às diversas épocas da antiga Espanha, a romano-germânica e a moderna.

O período visigótico deve ser para nós como os tempos homéricos da Península. Nos cantos do presbítero tentei achar o pensamento e a cor que convêm a semelhante assunto, e em que cumpre predominem o estilo e formas da Bíblia e do Eda — as tradições cristãs e as tradições góticas, que, partindo do Oriente e do Norte, vieram encontrar-se e completar-se, em relação à poesia da vida humana, no extremo Ocidente da Europa.

O romance histórico, como o concebeu Walter Scott, só é possível aquém do oitavo — talvez só aquém do décimo século; porque só aquém dessa data a vida da família, o homem sinceramente homem, e não ensaiado e trajado para aparecer na praça pública, se nos vai pouco a pouco revelando. As formas e o estilo que convêm aos tempos visigóticos seriam, desde então, absurdos e, parece-me, até, que ridículos.

A Espanha romano-germânica transformou-se na Espanha rigorosamente moderna no terrível cadinho da conquista árabe. A obra literária (novela ou poema — verso ou prosa — que importa?) relativa a essa transição deve combinar as duas fórmulas — indicar as duas extremidades a que se prende; fazer sentir que o descendente de Teodorico ou de Leovigildo será o ascendente do Cid ou do Lidador; que o herói se vai transformar em cavaleiro; que o servo, entidade duvidosa entre homem e cousa, começa a converter-se em altivo e irrequieto burguês.

E a forma e o estilo devem aproximar-se mais ou menos de um ou de outro extremo, conforme a época em que lançamos a nossa concepção está mais vizinha ou mais remota da que vai deixando de existir ou da que vem surgindo. A dificultosa mistura dessas cores na paleta do artista nenhuma doutrina, nenhum preceito lha diz: ensinar-lha-á o instinto.

Tive eu esse instinto? É mais provável o não que o sim. Se a arte fora fácil para todos os que tentam possuí-la, não nos faltariam artistas!

[2]Hesitei muito tempo sobre se conviria usar dos nomes próprios, quer de pessoas quer de lugares, como as sucessivas alterações da linguagem na Espanha os foram transformando, a ponto de muitos deles se acharem hoje totalmente diversos do que eram na sua origem. Destas mudanças, aquelas que apenas consistiam no aumento ou diminuição de uma letra, ou na diversidade das desinências, podiam, talvez, ser admitidas sem darem um aspecto anacrónico ao livro. Outros nomes, porém, havia, sobretudo nas designações corográficas, tão completamente alterados, que me repugnava o substituir o moderno ao antigo. Assim Toletum, Emérita seriam sem dificuldade representados por Toledo e Mérida; mas, como substituir, sem anacronismo na expressão, Sevilha a Híspalis, Leão a Légio, Guadalete e Chrysus, e, finalmente, Burgos a Augustóbriga, quando, como neste caso, até a situação da moderna cidade não é exactamente a da antiga povoação? Preferi, portanto, conservar os nomes primitivos, os quais, não influindo de modo algum na ordem e clareza da narrativa, podem facilmente encontrar-se em qualquer dicionário ou tratado de geografia antiga.

Aos nomes individuais dos primeiros visigodos procurei conservar, quando aludi a eles, os vestígios da origem gótica: aos dos personagens do meu livro conservei as formas alatinadas que se encontram nos monumentos contemporâneos, porque, segundo todas as probabilidades, já nesta época o elemento romano de todo havia triunfado na língua.

[3]Uma das cousas mais disputadas na história das instituições góticas é a natureza dessa classe de indivíduos, que tantas vezes figuram nos monumentos daquelas épocas, chamados gardingos (*gardigg* em língua gótica). Masdeu e com ele Romey, que o traduz quase sempre acerca da história dos Visigodos, posto que não o cite senão neste lugar, são de parecer que o gardingato não era um título de nobreza, mas do cargo de substituto do duque (governador de província), como o *vicarius* o era do conde (governador de cidade). Aschbach deriva a palavra de *gards*, que significa *solar com terras adjacentes,* e parece querer confirmar assim a opinião de Vóssio, que pretendia fossem os administradores ou almoxarifes dos palácios reais, opinião que seria muito difícil de sustentar à vista de vários monumentos hispano-góticos. Segui o parecer de Grimm e Lembke, que supõem formarem os *gardiggs* uma classe de *curiales* (cortesãos) ou nobres. Neste caso, não serviria a etimologia *gards* para indicar no gardingato uma nobreza estribada sobre certa extensão e importância de propriedade territorial, formando a terceira classe de nobreza depois dos *duces* e *comites?* Rosseeuw-Saint-Hilaire pensa-o assim e faz o gar-

dingo sinónimo de *prócer*. Prócer, todavia, não indicava em especial o gardingo, mas era denominação genérica da nobreza.

Quanto ao cargo de tiufado, deve saber-se que o exército godo se dividia em corpos de mil homens, e estes em companhias e esquadras de cem e de dez. Abaixo do tiufado (*thiud* ou *theod* povo e *fath* conduzir, ou, segundo outra derivação, *thaihunda* mil e *fath*), que também se chamava milenário (da etimologia latina *mille*), estava o quingentário, segundo uns, capitão de quinhentos homens, espécie de major dos regimentos modernos, ou, segundo outros, substituto do tiufado ou semelhante aos nossos tenentes-coronéis. A companhia de cem homens (*centúria*) era regida por um *centenário*, e a de dez (*decania*) por um *decano*.

[4] O vestido civil dos Visigodos era uma espécie de túnica chamada *stringe* ou *strigio*, já dantes conhecida pelos Romanos. O clero usava deste trajo, como os seculares, com a diferença de ser branco ou de outra cor modesta, porque o havia, até, cor de púrpura, o uso da qual era severamente proibido aos sacerdotes. Veja-se Masdeu, «Hist Crít. de Esp.», T. 11, pp. 63 e 197, e Ducange e Carpentier às palavras *Stringes, Strigio*.

[5] A Igreja goda empregava oito ministros na celebração do culto: 1.º o *Ostiário*, que abria e fechava o templo, cuidava da conservação dos objectos do culto e vigiava que não assistissem ao sacrifício hereges ou excomungados; 2.º o *Acólito*, que iluminava os altares e tinha na mão um candelabro enquanto se lia o Evangelho; 3.º o *Exorcista*, a quem incumbia o expulsar o demónio dos possessos; 4.º o *Salmista*, que levantava no coro as antífonas, salmos e hinos; 5.º o *Leitor*, que lia em alta voz as profecias do Antigo Testamento e as Epístolas e as explicava ao povo; 6.º o *Subdiácono*, que recebia as oblações dos fiéis e dispunha as vestiduras e vasos sagrados para a missa; 7.º o *Diácono*, que ajudava a esta e dava a comunhão; 8.º o *Presbítero*, que sacrificava, pregava e dava a benção ao povo.

[6] Poetas célebres hispano-godos do século V. De Dracôncio resta-nos o «Carmen de Deo» e uma epístola dirigida a Guntrico, rei dos Vândalos. De Merobaude subsiste um fragmento do «Poema de Cristo». De Orêncio, tão elogiado pelo poeta Fortunato e por Sidónio Apolinário, apenas resta uma pequena poesia na «Bibliotheca Veterum Patrum».

[7] A raça dos Godos, asiática na origem e germânica na língua, que, antes de ocupar uma parte do território romano, habitava ao norte do Ponto Euxino (mar Negro), dividia-se em duas grandes famílias, cujas denominações provieram da sua situação relativa. Os que estanciavam ao oriente chamavam-se *ost-goths* (Godos do Leste) e depois, corruptamente, Ostrogodos; os que demoravam ao ocidente eram os *west-goths* (Godos do Oeste) ou Visigodos, que, depois de ora servirem o Império como aliados, ora assolarem-no como inimigos, vieram fazer assento no Sul das Gálias e na Península, estabelecendo, afinal, em Toledo o centro

do seu império.

[8]A batalha dada por Teodorico, rei dos Visigodos, e pelo general romano Aécio, seu aliado, ao feroz Átila nos *campi catalaunici* (planícies de Châlons-sur-Marne) é o mais célebre entre os terríveis combates que custou à Europa no V século a dissolução do grande cadáver romano. Podem ver-se em «Jornadas» e no «Panegírico de Avito» por Sidónio Apolinário as particularidades deste sucesso.

[9]Algeciras. Este nome foi posto pelos Árabes ao lugar onde Táriq aportara, saindo de Ceuta para a conquista de Espanha. O ilhéu, hoje chamado *das Pombas,* fica a um tiro de espingarda daquela povoação, à qual passou o nome que os Árabes tinham dado à ilhota, vendo-a verdejar ao longe: *Djezirat al-Hadra* (Ilha Verde). Ignorando-lhe o nome antigo, supus que essa denominação de origem arábica era anterior e que já os Godos lha atribuíam. O anacronismo é, a meu ver, assaz desculpável.

[10]O *amículo,* que entre os Romanos era próprio das mulheres de baixa esfera, tornou-se em Espanha trajo comum das mais honestas e nobres: era uma espécie de manto, com que cobriam as vestiduras inferiores. Os cabelos encerravam-nos numa coifa, denominada *retíolo.* Veja-se Masdeu, «Hist. Crít.», T. 11, p. 6.

[11]Os Visigodos tinham dado em especial o nome de *Campi Gothici* às planícies de Leão e da Estremadura espanhola. Daí, contraída a menor território veio a denominação da terra de *Campos.*

[12]*Váli:* Prefeito, caudilho, principal governador de província, general de exército. Conde, «Declar. de Alg. Nom. Árabes». Juliano era, segundo parece, o governador da província gótica de além do Estreito, chamada Transfretana; cabia-lhe por isso entre os Árabes o título de Váli. *Sebta* é a corrupção arábica do nome de *Septum,* corrupção donde os nossos antigos formaram *Cepta* e, depois, *Ceuta.*

[13]O *franquisque* ou *franquisca* era uma espécie de machadinha de dois gumes, usada pelos Francos, de quem os Godos a tomaram. Consulte-se Masdeu «Hist. Crít.», T. 11, pág. 52, e Ducange, verb. *Francisca.* A *cateia,* de que adiante se há-de falar, era uma lança curta ou dardo, a origem, talvez, da *ascuma* dos tempos posteriores.

[14]Sevilha no tempo dos Romanos tinha dois nomes — *Rómula e Híspalis.* Este último veio a prevalecer, enfim. Veja-se Florez, «Esp. Sagr.», T. 9, pág. 87.

[15]Mafoma era natural de Medina. Esta cidade chamava-se Iátribe. Foi ele quem lhe pôs o nome de Medina an-Nabi — *Cidade do Profeta.*

[16]Os Árabes, tendo desembarcado nas costas de Espanha, e vendo que a montanha do Calpe era um lugar grandemente defensável, fortificaram-se aí, porventura enquanto esperavam o resto do exército que passava de África. A montanha recebeu então o nome de *Jábal Táriq* (Monte de Tárique) e, também, o de *Jábal Fetah* (Monte da Entrada). Da palavra

201

Jábal Táriq se formou depois a de Gibraltar.

[17]*Islam* em árabe, o islamismo ou religião do Alcorão. Significa, propriamente, esta palavra *resignação; resignação em Deus.*

[18]Esculcas eram, nos tempos bárbaros, chamadas as rondas ou sentinelas nocturnas dos arraiais. Esta palavra encontra-se nos escritores do VI século e dos seguintes, como em S. Gregório Magno: *sculcas quos mittitis solicite requirant* («Epist.», 12-23). A forma pura do vocábulo, *exculcatores,* aparece já em Vegécio; depois por abreviatura *exculcæ* e *sculcæ. Esculcas* são contrapostos aos *atalaias* nas leis das «Partidas», P. 2, Tit. 26, onde estes significam *guardas de dia.*

[19]Os Árabes designavam os cristãos, ou, antes, em geral, qualquer europeu pelo nome de *Al-Rum,* o Romano, quer fosse grego, franco ou espanhol. Aqueles mesmos que abraçavam o islamismo conservavam este apelido. Tal era o amir ou general da cavalaria Mugueiz, um dos mais famosos companheiros de Táriq. Quando, em especial, os pretendiam designar, não pela diferença de raça, mas pela de crença, denominavam-nos *Nassrani* (Nazarenos).

[20]*Deus só é grande!* era para os Árabes a voz de acometer, como, depois, foi para os cristãos o grito de *Sant'Iago!*

[21]A *efípia* era uma espécie de sela de lã que os Godos haviam imitado da cavalaria romana.

[22]As armas deles (dos berberes e árabes africanos) quase se limitam a paus compridos a que se prendem pequenos toros atados pelo meio, que no combate descarregam sobre os inimigos com ambas as mãos. Alkhathib, «Pleni-Lunii Splendor», em Casiri, T. 2, pág. 258.

[23]Como a palavra latina *senior* (o mais velho) veio a significar no latim bárbaro e no romance ou línguas vulgares das nações modernas o *principal, o senhor,* assim a palavra árabe *cheik, chek, xeque,* isto é, o *ancião,* tomou entre os Sarracenos a significação de senhor ou chefe de uma tribo.

[24]No Império Godo os bucelários vinham a ser o mesmo que os clientes dos Romanos, homens livres adictos às famílias poderosas, por quem eram patrocinados e, talvez, sustentados, se, como pretende Masdeu e o seu, nesta parte, quase tradutor Romey, o nome *buccellarius* lhes provinha de *buccella (migalha de pão).* O «Código Visigótico» (Liv. 5, Tit. 3.º) estabelece os deveres e relações destes homens com seus amos e patronos. A obrigação mais importante do bucelário parece ter consistido no serviço militar: *Si ei... arma dederit.* É por isso que se me afigura mais provável a etimologia que a semelhante denominação atribui com preferência o erudito Canciani («Barbar. Leg. Ant.», vol. 4, pág. 117) derivando-a da palavra escandinava *buklar* (o escudo), transformada no idioma germânico em *bukel* e nas línguas modernas em *bukler, bouclier, broquel.* Neste caso bucelário corresponderia ao *armígero* ou *escudeiro* do século XII e XIII, que, significando na sua origem o que trazia as armas

ou o escudo do seu senhor ou amo, veio a tomar-se por um homem de
armas de certa distinção, a quem, todavia, faltava o grau de cavaleiro.

[25] O facto narrado neste capítulo é histórico. O lugar da cena e a época
é que são inventados. Foram as monjas de Nossa Senhora do Vale, junto
de Écija, que, em tempos posteriores, praticaram este feito heróico, para
se esquivarem à sensualidade brutal dos Árabes. Parece que o procedimento das freiras de Écija foi imitado em muitas outras partes. Consulte-
-se Berganza, «Antiguedades de España», T. I, pág. 139; e Morales.
«Cron. Gener.», T. III, pág. 105.

[26] Segundo Lembke, cuja opinião assenta no testemunho de Ibn Said e
de Ahmed Al-makkari, os Árabes conheciam a Espanha, antes da conquista, pelo nome de *Andalôs* ou *Andaluz*, nome que, depois, aplicaram
em especial ao território entre o Wadi Al-Kebir e o Wadi Ana (Guadal-
quivir e Guadiana), isto é, à moderna Andaluzia. O nome de Al-Gharb (o
Ocidente) que, igualmente deram à Península para a distinguir da Mauritânia (Al-Moghreb) veio, também a contrair-se à nossa província do
Algarve.

[27] *Alfaqui.* É o título que os Africanos dão aos seus sacerdotes e sábios
da lei. Moura, «Vestígios da Língua Arábica», pág. 38.

[28] As grandes divisões da Espanha, segundo a geografia árabe, eram
quatro: *Al-gharb,* o Ocidente; *Al-sharkiah,* o Oriente; *Al-kibla,* o Meio-
-Dia; *Al-djuf,* o Norte. Era esta, por isso, a designação dos territórios
cristãos das Astúrias e Cantábria.

[29] O *aripennis, arapennis, agripennis* ou *arpentum,* donde veio a palavra
francesa *arpent,* era uma medida de extensão igual a metade do *jugerum,*
donde tomámos a palavra *jeira.* O aripene media-se em quadro e tinha de
cada lado doze *pérticas,* medida que equivalia a dois palmos. Masdeu
afirma que o aripene era medida especial da Bética, o que é inexacto;
porque ela se acha mencionada em muitos documentos, não só de outras
províncias de Espanha, mas também de diversos países, como se pode ver
em Ducange, à palavra *Arapennis.*

[30] Nas mil tradições diversas, quer antigas, quer inventadas em tempos
mais modernos, sobre o modo como se constituiu a monarquia das Astúrias procurei cingir-me, ao menos no desenho geral, ao que passa por
mais proximamente histórico. Todavia, cumpre advertir que Pelágio
viveu, segundo todas as probabilidades, em tempos um pouco posteriores
à conquista árabe, e que a morte de Opas e de Juliano na batalha de
Cangas de Onis, sucesso narrado por alguns escritores, tem sobrados
caracteres de fabulosa. A minha intenção, porém, foi, como já notei,
pintar os homens da época de transição, digamos assim, dos tempos
heróicos da história moderna para o período da cavalaria, brilhante ainda,
mas já de dimensões ordinárias. O meu herói do Chrysus é como o último
semideus que combate na Terra; os foragidos de Covadonga são como os

primeiros cavaleiros da longa, patriótica e tenaz cruzada da Península contra os Sarracenos. Deste modo, sendo hoje dificultoso separar, em relação àquelas eras, o histórico do fabuloso, aproveitei de um e de outro o que me pareceu mais apropriado ao meu fim.

ÍNDICE